万物有道

正阳石◎著

·芜湖·

图书在版编目(CIP)数据

万物有道 / 正阳石著 . -- 芜湖 : 安徽师范大学出版社, 2025. 7. -- ISBN 978-7-5676-7370-0

Ⅰ. I267

中国国家版本馆CIP数据核字第2025AF7001号

万物有道 正阳石◎著

WANWU YOU DAO

责任编辑：潘 安 责任校对：辛新新 王雨嫣

装帧设计：张 玲 汤彬彬 责任印制：桑国磊

出版发行：安徽师范大学出版社

芜湖市北京中路2号安徽师范大学赭山校区

网 址：https://press.ahnu.edu.cn

发 行 部：0553-3883578 5910327 5910310(传真)

印 刷：安徽联众印刷有限公司

版 次：2025年7月第1版

印 次：2025年7月第1次印刷

规 格：700 mm × 1000 mm 1/16

印 张：13

字 数：180千字

书 号：978-7-5676-7370-0

定 价：68.00元

序

什么是道？道是万事万物运行的规律。

世界是规律的组成，更是规律的呈现。日常中的每一个遇见，都是规律以你最熟悉的方式，演示的一道例题。

规律对所有人来说，既在，也不在。如同白色光，你根本感觉不到它的存在。而当你有了棱镜之后，一切都将不同。你会发现，原来在早就习以为常的白色光里，居然隐藏着七彩。这个棱镜，就如一个人的思维，包括思维的层级、思维的结构、思维的能力。层级决定视野，结构决定行为，能力决定态度。思维的不同，是人与人的本质区别。

世界究竟是无色的，还是多彩的？答案不在于世界，而在于你。就看你的思维架构，能否如棱镜那样，从平凡中解析出七彩来。维度不同，世界迥异！所有的商机、转机、契机、危机、时机，都是维度馈赠，就在这与众不同的色彩里。在多维视角下，世界从来都不是只有一个，关键是你看到了哪一个。当你的思维架构终于成长到见所未见时，你的未来就在那里。

琐事万物，处处玄机。若能洞察一二，或有闻道之喜。此时，世界还是原来的那个世界，而你已经不是原来的你！

目　录

第一编

第二编

第三编

第四编

第一编

花自飘零

花开花谢，更替了岁月。

宋代李清照在词作《一剪梅》中，发出一句传诵千年的感叹：“花自飘零水自流”。花开有时，花谢也有时。这是一朵花的完整旅程，也是一个最为常见的从成长至盛开再到衰亡的过程。所有的生命，都有这样的走势，无一例外。生生不息，那是生命的整体。一盆花可以年年谢年年开，甚至越开越茂盛，然而其中的某一朵，谢了就是谢了。哪怕来年在同样的位置，开出同样色泽和大小的花，但此花已非彼朵。彼时之花，早已从有转至无，化成泥土。

生命是什么？在从有至无的过程中到底经历了什么？我们又在惆怅什么？

生命，本质上就是尘世间的一段经历，是为每个个体量身定制的一次旅程。

对于一盆花来说，种子埋入泥土，标志着生命的启程，然后发芽成长，开花结籽，花开花谢数年后，终至枯萎。生命虽然终结，但留有若干种子，等待又一次生命的开始。花开花谢的往复，只是此盆花的局部现象。对于整盆花来说，并没有无数次的生命。它看得见自己枝上的

花朵谢了又开，但它看不见自己枯败后的一切。这是因为结构的局限性。花对于从属于自己结构的花朵变化，较为明了，然而对于自己和自己所在的结构，知之甚少。“不识庐山真面目，只缘身在此山中”，就是这个道理。对于某一朵特定的花来说，虽然它只有一次生命经历，但在其结构里，又有无数轮回。花朵的凋零，也意味着果实的开始。花朵以自己的“无”，开启了另一个“有”。春华秋实，无数花朵的一生历程，构成了花的一次轮回。而在一个花圃中，有无数株花在参与花圃的轮回。

既有自己的生命，又与其他个体共同组成更大结构的生命，这就是花朵的意义。从有到无，只是某个结构的终结。在另外的结构里，也许正处于从无到有的过程之中。

如果没有思维，那么人也和花朵一样，静静绽放，悄然凋零，从无到有，又从有到无。但人毕竟是智慧生命，多了思维有什么不同呢？

机体加思维，组成了个体。个体间的区别，难道在于机体吗？你是谁，谁又是你？如果科技发展到可以转移记忆，让你的思维能在一个复制体上延续，那你算是获得重生了吗？如果此时你原来的躯体消失，能算作你死亡了吗？从个体的角度来说，思维在复制体上延续算是重生，躯体消失并非死亡。重生，一定是思维的重生，与机体无关。

一般情况下，人在二十五至三十岁后，身体机能开始走下坡路，巅峰难再。而思维，因为获得了人生经历的加持，此时才真正开始成型。机体在开启从有到无的衰退，思维在开启从无到有的成长。有无互替，有无相成。花由开到谢，果由无到有，这是花的轮回。体由强至弱，思由弱至强，这是人的轮回。

果实的存在，是为了种群的延续。种下后若干年，又会开出差不多的花，结出差不多的果。就像梨树，会开梨花、结梨子，但怎么也结不出桃来。常说生命如花般绽放，那思维是一个人的果实吗？花不能延续，但果实可以。机体不能延续，但思维可以。

人类文明的延续，就是思维成果的延续，并在此基础上不断发展。认识的深入，科技的进步，社会的形成，都是如此。区别在于，不同的果实，能级并不相同。有的人思维能级较低，只能影响周边的数人，甚至可能只有自己。而往圣先贤的思维能级惊人，思维成果动辄一传千年，影响了一代又一代后人。同时，世上的每个人都在相互影响，在任何一个伟大的成果里，都有无数其他人的印迹。一弦既振，良曲或出。

花开从心，果成随缘。对于某个特定的花朵来说，绽放就是生命的意义。待得此花凋零，彼花又会盛开。同本同源，生生不息。花开花落，何悲之有?

庭院一方

烟雨江南，最有意境的设计并不在室内，而在庭院。掘一小池，垒两湖石，细竹数根，花草各式。曲径迂回处，抑或可通幽。

庭院之美，美在布局。庭院是微缩版的园林。通过改造地形、种植草木、营造建筑和布置园路等途径，创造一个和谐至美、天人合一的境域。好的庭院，必然是错落有致、精心布设的。高的竹子，矮的圣阜，细的兰叶，宽的芭蕉，既有坚石挺立，又有水韵柔波。若有一面蔷薇入画，必有一侧白墙青瓦。高低对置，宽窄互设，刚柔相济，虚实结合。美就美在协调之中。这是对称的艺术，这是空间的平衡。

庭院之美，美在四季。春赏月季夏观荷，秋闻丹桂冬品梅。季节轮换里，花色随之变更。而且，春雨夏阳，秋风冬雪，四季的信使，会带来不一样的馈赠。于是，在这片方寸之地，便可显现四时交替的美景。虽然可以自成一域，但高明的庭院设计，从不会局限于固有的边界。“城边流水桃花过，帘外春风杜若香。”山中的四季和海边的四时总有一些不同。好的庭院，会借势借景，与季节融为一体。美就美在变化之中。这是契合的艺术，这是时间的平衡。

庭院之美，美在心境。巧妙的时空构思，是为了以境入心。无论早行还是晚立，皆可见得诸般美景。晨间，花露沾衣，草冠升雾。暮时，风过叶浪，鱼游夕阳。静中有动，动而后静。居间品之，心境空灵。若持慧眼相观，更可将落花之悲转为育花之喜。“落红不是无情物，化作春泥更护花。”每一个变化，都互为因果。阴阳本就相生相克，既要知其盛，又要明其衰，如此才能应对自如，来去欣然。美就美在感悟之中。这是灵动的艺术，这是得舍的平衡。

一方小院，听风而立。可以容得下山水，可以容得下四季，不知能否容得下你？

湖边落日

傍晚时分，最好能觅得一个临窗面湖之位，清茶一杯，点心数枚。品落日晚霞，粼粼波光。赏清风铃信，燕鸣鸥翔。

湖边经常有无数的房子，只有临湖首排才会备受人们的青睐。首排所见，是秀湖碧波的四季美景。而其后诸排，景致全被首排所挡，虽然也有长藤繁花、白墙青瓦，但已不见湖景。纵然在“水光潋滟晴方好，山色空蒙雨亦奇”之时，后面若干排所见景色相加，也不及首排的一分或半分。而且，即使是第二排的房子，和最后一排也没有太大区别。

世界第一高峰是哪座？第一个登月的人是谁？中国第一个获奥运会金牌的人叫什么名字？很多人都能脱口说出答案。那你是否又知道世界第二高峰、第二个登月的人、中国第二个获奥运会金牌的人呢？相信大部分人是不知道的。

为什么会这样？

一个是无中生有，一个是有中再有。这就是本质的区别。

在无有转换中，质变点最为关键。第一名，实现的是从“无”到“有”的转换，属于无中生有。第二名及往后，是“有”和“有”之间的

湖边落日

重复，属于有中再有。即便是后面能“从有到优”，也顶多是在增强，没有“从无到有”来得重要。第一名具有开拓性和唯一性，继而延伸出代表性，享有诸多光环。

因为无中生有，实在太难！

难在观念突破。想法、路径、资源、实践、权变，构成了行为链。后面的四个环节，都因想法而起。在当下的技术条件里，大多数事情的“无”不是因为做不到，而是因为想不到。创新，是思想向实践转化的第一步。因为认知惯性的存在，以及认知边界的限制，太多的人被禁锢在原来的条条框框里。世人最难突破的思维束缚，就是常规。既不知道可以突破，又不知道怎么突破。景区在开发前，大都较为偏僻。当年形形色色的住宅地，市集附近才是首选，可得各种便利。湖畔？谁会跑那么远在那里建房！离湖太近就意味着离城镇太远。所以，最先发现湖景资源稀缺性的人，才有可能是赢家。

难在成本交换。即便看见了未来的发展，很多人也不愿意用当下去交换。想要收获，总得有所付出。在过于偏远的地方建房，有风景也有风险。病急就医怎么办？食物短缺怎么办？孩子上学怎么办？朋友往来怎么办？夜间安全怎么办？现在的风景收益，是用过去的若干风险成本交换来的。你想要的未来，从不会随随便便就来。究竟是沉浸于当下的舒适，还是更向往将来的舒心，是放在每个人面前的重要选择。为了美好的未来，你愿意当下付出吗？愿意付出多少呢？

难在资源协调。世界总是处于某种平衡之中，这是时间和空间达成的默契。开拓，就意味着打破平衡，很多相关要素会因此而重组。在湖畔建房，地怎么解决，水怎么解决，电怎么解决？专门铺设水管和电网吗？先行者具有跳跃性，若和后勤保障脱节太远，会对其持续发展带来严峻的挑战。第一个在湖畔建房的人必须充分考虑这些问题，第二个人则没有这么难，可以分享第一个人建造的基础设施，免除开荒之苦，或者紧随先例，“照着葫芦画个瓢”。

难在社会认可。所有的创新，都是极大的社会冒险。无中生有正因为回馈大，所以困难多，这也是一种阴阳的平衡。非议，是创新的孪生兄弟。“习惯”在乎的是延续性，没有对错之分。最有意义的创新，可能正遭受最无谓的诋毁。诋毁不是由于简单的嫉妒，而是原先习惯的表达，是因为不满从原有境地逃逸。所以现在很多重要的改革和创新，都是兵马未动而舆论先行。

老子云：“天下万物生于有，有生于无。”无中生有，虽为难上难，却也贵中贵。夕阳渐落，首排房子沐浴在晚霞的五彩缤纷里，而其余诸排皆在其阴影中。

花开有时

春天，是花的季节。百花齐放，万紫千红。

每一种花，都有自己的绽放时间。“二月杏花犹未放，一春分外觉寒多”“三月桃花浪，江流复旧痕”“胡地三月半，梨花今始开”。先杏花，次桃花，再梨花，依次盛开在春光里。每一棵树上的花，也是先后绽放。每一朵花的各个花瓣，也是渐次打开。次序，是大自然的巧妙安排。五月榴，六月莲，八月桂，九月菊。花朵是季节的碎片，在不同的时空里拼接。

借鉴天道之妙，人类社会千百年来一直以次序来规范运行。先来后到，尊卑之别，上下居位，长幼依次，亲疏有分。人类任何一个结构，无论成员多少，既按照次序来组织，又按照次序来运行，更按照次序来交换。序化，就是管理的核心要义。人员的序化、流程的序化、生产的序化，每一个序化的完成，都带来若干效能的提升。

开花的时间，深受环境影响。同样的树、同样的花，维度不同，则开花次序也会有别。“春风一夜花千树，十里香飘入碧门”，这是温度不同。“人间四月芳菲尽，山寺桃花始盛开”，这是高度不同。花苞拿回来，辅以不同的营养液，会直接影响花苞的开放时间，这是浓度不同。适当

增加土壤的酸性，会让栀子花、茉莉花提前开爆盆，这是酸碱度不同。将花放在阴室里还是移到阳光下，赏花时机也会有所区别，这是光照度不同。环境之所以影响花期，是因为环境的背后有维度的差异。维度，既是区域，也是层级，本质上是一种解析世界的方法。

同一棵树上花开的数量，用坐标轴记录，会类似一条抛物线。大部分花朵开在时间线的中段，前后两头分布得较为稀少。运用数学知识来描述，花开一事呈现出惊人的规律。世界是规律的组成，更是规律的呈现。统计花开而得出的抛物线，也是其他众多事物的普遍规律。某次考试过后班上学生成绩的分布，商场中每半天客流量的多少，在早高峰时段经过地铁站闸机的人数，在半天中前来申请某项许可证的件数，用坐标轴记录下来都会得到一条抛物线。抛物线，是无序与有序的共同表达，是自由与规则的辩证统一。

如果去仔细研究一朵花，会发现其独特的对称美。三个花瓣，就是三等分；五个花瓣，就是五等分。当花瓣是两个时，也是以对称的形式在茎上叠加。在空间的切面上，花瓣的分布基本是均等的。空间的均衡，是大自然的法度。对称，是均衡的表达。这样的对称，无处不在，如动物的中线对称，桌子的纵横对称，车轮的轴向对称，建筑物的重力对称。均衡法度，还可以超越空间维度，在他处体现。捧得有多高，摔得就有多重，这是毁誉对称；病来如山倒，病去如抽丝，这是量时对称；工欲善其事，必先利其器，这是能事对称。对称，是形、是美，更是道。

“江南二月多芳草，春在蒙蒙细雨中。”自古大道，皆有其行。盎然意趣，花开即可见之。

风铃有信

风铃是一种具有丰富寓意的装饰物，种类众多，如铜制风铃、玻璃风铃、陶瓷风铃、贝壳风铃、木头风铃等。风铃既有视觉之美，又有听觉享受，还能引发遐思。风起时候，清脆的声音好似传自天际，可以轻易穿透世间的层层界障。

风铃有信，丽音袅袅。樱花树下，常会挂一些晶莹剔透的紫风铃。三三两两，薄如花瓣，明似琉璃。阳光从风铃中经过，仿佛质化了一样，可以被其挽留。铃下悬挂彩色长纸条，随风而动，间或带动铃坠碰触风铃内壁，发出悦耳的声响。风铃的存在，让原本就引人入胜的樱树林，景色瞬间变得更加立体。樱花似雪，在铃声中飞舞，在岁月里飘落。美景如斯，让人顿感心旷神怡。丽音者，涤心。

风铃有信，祈音袅袅。许愿池旁，也有风铃。常是几个一组，在水边的树间串起，或瓷或铜。铃侧枝上，也满是红带系绕，写有各种愿语。发愿以信，书愿以诚。有的求健康，有的求平安，有的求事业，有的求姻缘。天下万事，始时易，行时难，过程中各种变数实在太多，成或不成常非本愿。诸般仪式，与其说是寄希望于未知，不如说是想获得自我加持，期待一切能从己心意。祈音者，随心。

风铃有信，清音袅袅。政务殿前，风铃常挂于檐下，铜质居多，取其刚健中正之意。自古为政，常表达爱民如子之心：屈原“长太息以掩涕兮，哀民生之多艰”；范仲淹“先天下之忧而忧，后天下之乐而乐”；郑板桥“衙斋卧听萧萧竹，疑是民间疾苦声”。深厚的爱民情怀，在中华大地已经传承千年。权乃民信，用之为民。殿前风铃，用以警醒。清音者，正心。

万古长风入一铃。成于何时，挂在何地，听者何人？

河道弯弯

自然界的河流，大多蜿蜒曲折，百转千回，流向远方。孕育中华民族灿烂文明的母亲河黄河，甚至在大地上走出了一个大大的“几”字。这个无与伦比的回转，使得黄河弯道周边部分地区以水草丰美著称，有“塞上江南”的美誉。

河流蜿蜒，是一种常态，是千万年来无数博弈之后的平衡呈现。

蜿蜒，是时空的博弈。滔滔江河，奔流入海，走的是一条极其艰难的路。水性至柔，以柔聚势，将沿途最具柔质的部分连接在一起，成了河道。最易冲走的泥土，最易汇并的湖泊，最易流经的山谷，逢石则绕，以柔克刚，遇阻则聚，以多胜强。之所以千回百转，正是为了用时间的消耗，来换取空间的到达。以时间换空间，这就是一种博弈。在江河的无尽奔涌中，所有行进途中的困难，也只不过是让河流多花了一点解决的时间。

蜿蜒，是取予的博弈。迢迢归途，聚柔成势。既是取之，也是予之。河流借道之处，大多成为生机盎然之地。获取与回馈，在时间上构成了空间均等。这是空间的阴阳，也是时间的因果。对于沿途的所有馈赠，河流均回以丰富的径流和灵动的生命。河水流转千里，也带来了所

经之处的信息，使得原本毫无关系之地，从此便有了诸多关联。“投我以木瓜，报之以琼琚”，这种开放式的回环，正是社会良好运行的底层机理。

蜿蜒，是去留的博弈。曲折迂回，以流经路程的延长，增加河水驻留的时间，两岸生灵便获得了更多的滋养。然而河流终究是要入海的，大海是它们的归宿。沿途再美的景致，也无法挽留。与其在失落中伤情感怀，不如在希冀里互相成全。去也罢，留也罢，至少可以和河流的某一个区段共同成长。因为中断的河流，只有静默消亡这一条路。聚则共赢，才是最优的选择。留，是时光的约会。去，是彼此的祝福。天下万物，皆是因缘相会，来去应当释然。

蜿蜒，是急缓的博弈。有急有徐，那是河流的节奏，也是世界的韵律。在入海的过程中，不知道有多少力量的冲撞和迂回。蓄力，释放，再蓄力，再释放，就这样一路走来。急后必缓，缓后必急，所有的能量都在转换，都在交替。途中的落差变化，会使得河流更具气势。然而，再气势恢宏的瀑布，均是急缓相间而行。

平衡不离博弈，博弈终致平衡。于是，曲折就成了行进的基本方式。河道弯弯，那是大自然的巧妙设计，就像坎坷中不断前行的人生。

有株藤蔓

整面的墙壁或高架的桥墩，最简单的覆绿方式就是种爬山虎。爬山虎作为最常见也是最理想的攀缘植物，依靠吸盘沿着墙壁往上攀爬。种植一段时间后，就能看见绿色在一步步蔓延，用不了几年，茂密绿叶会覆盖整个建筑物的外墙，就像穿上了绿色的外衣。夏天会开出黄绿色小花，秋大叶子会变得橙红，赋予建筑物更为多样的色彩。

爬山虎在幼苗期，和其他植物没有太大的区别，但随着时间的推移，它便逐渐显现出惊人的不同来。分枝一点点增多，高度一点点上升，绿色一点点扩张。时间效应，在爬山虎这里体现得最为明显。很多花木是在时间里新旧更替，年年花开，年年花谢，除此之外变化不大。而爬山虎在岁月里新上复新，虽然花朵并不抢眼，但总是一直在长，从未停歇。它有一往无前的精神，生命力极其顽强，对于生长环境没有太高的要求。只要能有足够的时间，它就能有足够的伸展。爬山虎的每一寸奇迹，都是来自个体的努力和时间的累积。天道酬勤，在任何地方都一样适用。

爬山虎枝上有卷须，卷须的顶端及尖端有黏性吸盘。只要遇到岩石、墙壁或树木，便附着在上面。如果没有可以攀缘的物体呢？那爬山

虎就只能在地上延展，也许会乱成一团。所有攀缘植物最终能呈现出壮观景致，长久的努力只是一个方面，所依附的是何种物体也甚为关键。爬山虎的核心技能不是取代，而是加成。颜色加成，形状加成，动态加成。能为单调赋予色彩，能为岩壁赋予生机。施予对象是墙壁还是树木，其结果会有很大的区别。成就的高低，不仅要凭自身的实力，还要看和谁在一起。借势成形，能让特长得到更大发挥。

爬山虎满墙蓬勃，常让人驻足以赏，目不暇接。若择一花叶寻根而去，会发现所有的繁华全来自离土最近的那根藤枝。所有的生机、荣耀，以及能力、坚守，都源于那里。叶在空中，根在大地。当担心爬山虎过于茂盛而侵蚀墙体至开裂倒塌时，最简单直接的处理方式，就是断其主茎。于是，满墙枝叶就会慢慢枯萎，并逐一散落在风霜雪雨之中。花谢还会再开，叶落还会再生，然而主茎是生与死的“分水岭”，切断主茎便切断了当下花叶的往复轮回，绝对失而不可复得。是故，欲往去处去，先晓来处来。无论攀得多高，无论走得再远，都不能忘记来时的路。功成思源，才能保持足够的警觉。

每到暮春季，雨重色愈浓。最美的爬山虎，定然是根深叶茂，郁郁葱葱。

叶落秋风

又是一年深秋。

每到秋风起时，无数金黄之叶会从树上飘落。山林更色，古道尽染。

秋叶因何而飘零？是风，风至叶随。唐朝诗人李峤的《风》，首句即“解落三秋叶”。风过秋林，叶舞满天，这是一种极有韵味的美。如果落叶的，不是道旁大大咧咧的梧桐，而是素有“活化石”之称的银杏，那更是一种意境之美。古木秋叶，风落千年。若能在砖壁之侧，深秋独坐于数人尚不能合围的黄叶树下，以半壶温酒，静候百年风过，一定会有离尘脱俗的体悟。

吹落秋叶的，难道真的是风吗？是季节。风，是季节的信使。这些在秋天林间流淌的萧瑟旋律，最能引起旅者的共鸣。“何处秋风至？萧萧送雁群。朝来入庭树，孤客最先闻。”唐代诗人刘禹锡在被贬期间，独居他乡，风起叶落，悲秋而作《秋风引》。秋至冬望，万物归藏。随着寒霜渐浓，蛙鸣虫逐的热闹将会全然不见，偌大的庭院，只剩下诗人自己。

然而，季节只是岁月的年轮。吹落秋叶的，是得舍，是生命在岁月成长中学会的得舍。于树木而言，叶落虽失，但养分得留。这样的落叶，是在更为严苛的环境到来之前，以最优的状态来避免水分的过度耗散。树立千年，年年旧叶落，年年新叶生。春生喜悦，夏阳陪伴，秋风别离，冬雪孤寂。舍叶而全枝，这是全局的选择。得失取舍，都是成长的功课。

年年落叶，经年亡树，但万木仍春。吹落秋叶的，得舍之上是轮回。树是叶的轮回，林是树的轮回，什么是林的轮回？单个生命无不是从出生走向死亡，不同的无非过程中的曲折。但升维而观，对于群体来说，单个生命向死而生，只是意味着更替。如同叶之于树，如同树之于林。每一片树叶，都有生之喜、芽之萌、成之盛、衰之苦、落之悲。这是叶的一生。但对于树而言，这仅仅是千万分之一。“病树前头万木春”，林的兴败，绝不会因为单个树木的枯荣而改变，哪怕这样的树木已经参天入云。

叶落，因随风，也因秋至；是得舍，也是轮回。维度不同，情绪不同，结论不同，觉悟不同。

如此，一叶一世界矣。

森然之林

“双木”为林，“三木”为森。森林，通常指大片生长的树木，已呈森然之势。

森林是以木本植物为主体的生物群落，是集中的乔木与其他植物、动物、微生物和土壤之间相互依存相互制约，并与环境相互影响而形成的生态系统。它具有丰富的物种，复杂的结构，多种多样的功能。

在森林里，所有植物都能找到自己的生长空间。威猛卓越的乔木，乐天知命的灌木，无处不在的草本植物，以及随遇而安的藤本植物，所有植物都有自己专属的空间，在区域有限的阳光资源中，分隔出无限的配给可能。喜阴、喜阳，耐湿、耐干。生命具有极强的力量，有多少种地况，就有多少种安排。对于森林来说，自然选择，就是将适合的生命，放到合适的地方。

植物是“主动适应”。主动适应，是因为之后没得选择，不如一开始就和环境融为一体。溪边、岩侧、崖壁，很多不可思议的地方，都能寻得它们的印迹。能在那里生长，自有在那里生长的道理。常人认为的恶劣环境，对于某些植物来说，也许就是福地。植物的这种无处不在，正是体现了“存在皆有其理”。与其质疑它的出现，不如探究它的机理。

觉得不可思议，就是对事物违背了常识的思维反应。什么是常识？认知具有边界性，边界内的部分属于常识范畴，其外的部分归为异常。思维边界的拓宽，正是从一个个异常开始。见其象，究其理，明其道。当一个事物，怎么都无法用现有的理论来解释时，就可能是理论创新的契机。理论具有局限性，事实则没有。异常出现，正可以作为创新的起点。

动物是“被动适应”。被动适应，是由于之后选择权过多。动物的觅食、筑巢、迁徙，都是不得不去适应环境的变化。植物是以不变应万变，静中候动。动物是以变化应变化，动则随动。周边食物没有了，就去别处寻找。原来的巢穴不再合适，那就筑个新巢。发现危险来临，赶紧一走了之。

动物的一生，都在权变。权变不是因为适应能力强，恰恰相反，是由于适应能力弱，只能适应变化。植物可以一根千年，在它的庞大处理系统里，千年的风云都能从容应对。而动物不行，一点变化就可能超出原有处置范围，需要在变化中寻得解法，在变化中求得生机。动物的层级越高，应变的诉求越强。那些在食物链顶端的动物，大多成天地奔来跑去。

人是在动物中的哪一个层级？毫无疑问，当然是最高级别，甚至超越动物界。毕竟，人是智慧生物，情况要复杂许多。

权变，是人的动物本能。人的所处层级也决定了，人是最能以变应变的动物。科技的发展，学科的发展，社会的发展，都是应变的产物。然而，人并不是只有动物一种属性，也有很强的植物特征。很多人的思维具有滞后性，就像植物，总想以不变应万变，能不动就不动。纵然环境变化，思维还是习惯留在原地。当事实已经离开个体的舒适边界太远时，常以抱怨和不解来替代改变和适应。思维跟不上环境的变化，这就是痛苦的根源。行为动物性和思维植物性的二元对立，是普遍存在的现象。其矛盾处理和协调统一，是每一个人都要面对的问题。

为什么要认识到这是一个永远在变化的世界，唯一不变的就是变化本身？为什么说“三人行，必有我师焉”，强调要保持终身学习的态度？为什么要实现民族复兴，就必须走改革开放的道路？因为行为要应变，思维也要应变。思维如果没有植物庞大的系统处理能力，那就必须得跟上行为的步伐，以变化来适应变化。如果思维仍然留在原地，就会带来各种各样的困惑、问题和风险。

思维的植物性并非一无是处，如果将不愿变化的劣项剥离，反而是人类的最大优势。这样的优势，集中表现在对于变化的思考：为什么会有这样的变化？变化的机理是什么？变化是朝哪个方向发展？在变化过程中能否获得能量支持？变化对当下有何影响？是否在可控范围？如果不能适应需做哪些改变？有没有一种办法可以扩大变化的承受区间？能不能主动引导变化？

行为乃动，思维求定。行为一直都在变化，而平常人的思维一直想找到一种一劳永逸的方法。在变化的属性里，每一个当下的解决方案，在未来都可能会成为新的问题。那又有什么关系？思维就在这样的往复中成长。

清风竹影

在“花中四君子”梅、兰、竹、菊里，竹子无疑是最特殊的一个了。

竹子在四者中最为突出，集实用性、观赏性、艺术性、象征性于一身，千百年来与中国人的生活、文化、意趣紧密结合，频繁作为艺术家的用材、饰图、选题和器形。竹子及其衍生品数量惊人，其价值早就超越了竹子本身。这种价值越层的实现，其途径就是与其他不同维度的元素相融合。

在空间中融入时间。上千年来井冈山的竹子也只是普通的竹子，但因为在革命事业中参与了一段历史，于是竹子就有了不一样的含义。新中国成立后，井冈山的竹子便从山中的风景变成了“革命”的竹子，与那片血与火的土地一起，备受世人关注。同样的空间物体，因为在某个时间段的特殊经历而变得极为不同，这就是历史赋予的意义。如今人们看到这样的竹子，已经不会只停留在它的物理属性上，而且会想到它曾经参与的那段艰难岁月。竹子已成为可以突破时间边界的通道，能从和平繁华的当下，回溯硝烟弥漫的过往。空间在时间的诸般转换中，总会留下一些印迹。以竹载史，化韵为节。于是，竹子便成为历史的书签。

在物质中融入精神。苍苍翠竹，依石而立。冬夏怡然，傲骨临风。郑板桥为竹子那顽强而又执着的品质所打动，不仅画下了岩竹的风骨，还专门附诗《竹石》，题画以咏物：

咬定青山不放松，立根原在破岩中。
千磨万击还坚劲，任尔东西南北风。

此刻岩石旁伫立的，仿佛不是竹子，而是诗人自己。历经坎坷，永不失志。勤政爱民，威武不屈。郑板桥一生只画兰、竹、石，自称“四时不谢之兰，百节长青之竹，万古不败之石，千秋不变之人”。他既有“衙斋卧听萧萧竹，疑是民间疾苦声”的情怀，也有“写取一枝清瘦竹，秋风江上作渔竿”的气概。竹子的高风亮节、坚贞正直、高雅豪迈等气韵，都被他表现得淋漓尽致。借景抒情，托物言志。于是，竹子便成为品格的代言。

在展现中融入过程。薄薄的竹制书签，搁在哪儿都是平淡无奇。但如果知晓了其背后的故事，一切都将不同。每一个书签的诞生，都涉及原材料和一系列工具，还要经过选料、开料、打磨、精研、雕刻、钻孔、穿绳、包装等诸多程序。制作书签的原竹，可能来自某座云雾缭绕的山林，其叶制茶，其根成塑，其节为签。原料采集，需要经过上山选竹、伐竹、去枝、分段、捆扎、运输等各个环节。不同的工匠，所做的作品当然是不同的风格。而工匠的成长经历、从师的曲折、学艺的艰辛，无一不是以书签为中心的相关延展。这就在实用性中，融入了复杂的传播特质。他意之合，物已非物。于是，竹子便成为故事的开端。

在平凡中融入光环。竹子可以做成扁担，是负重的工具，正是过于常见，一般难登“大雅之堂”。然而在茨坪的井冈山革命博物馆里的显眼位置，珍藏着一根扁担，所有参观的人都会在那里驻足许久，因为那是朱德的扁担。一把褪色的竹椅，上面还有些许破损之处，如此常物却用大红丝带围起，与旁边的桌子和上面的茶杯构成独立的空间。之所以有这样的特殊待遇，是因为毛主席曾经坐在这个位置。物本寻常，因人而彰。于是，竹子便成为珍贵的纪念。

在具象中融入境界。异石数枚，青竹几根，再背以粉墙黛瓦，便可自成一景。徜徉其中，细细品读一二，或可得空灵之妙。选取竹子的枝节、瘦叶，局部放大，成形入器，完美的线条加上起伏的形态，让人顿生幽林漫入的遐想。一物在手，人虽未动，意已深远。古人水墨构图，以竹入局。根正扣岩，枝斜立风。无中得有，静中见动。其力可透纸背，其趣可跃纸上，让人观之忘返。境在象外，缘起物中。于是，竹子便成为进阶的途径。

夜深风竹敲秋韵，千叶万声。众物皆凡，何以平处得显？不妨取维度之变。更其境，丰其意，方可物在物外。

叶绿花红

很多家养绿植，是需要定期浇水的。如果将此事忘记，植物的叶子则不再饱满，花的色泽也会暗淡。有经验的人会一眼知晓，这是缺水了。花虽无言，不能告诉你它需要什么；叶却有语，信息可以通过叶片的表现来传递。

缺水、表达、识别、浇水，构成危机发生和处理的四个环节。缺水，是危机产生，会由各种因素导致，与季节、位置、朝向等皆有关联。表达，是危机预警，是花朵面对危机的自然反应。有时叶片和花瓣的萎蔫，是为了应对缺水。识别，是危机获取。浇水，是危机处理。最关键的是第三环节，有时无数花儿的枯萎，正是因为你无法读取它发出的求救信号，所以才会从缺水的状态，一步步叠加发展，由繁茂至萎蔫乃至凋零。

量变到质变，是事物发展变化的规律。很多量变是悄然无息的，这是量变的“隐期”。随着量变的积累，会进入量变的“显期”，有各种特征表现出来。如果可以及时发现并介入，则往往还有挽回的余地；如果仍不察不觉，任其发展，则会进入质变阶段，一旦完成了质变，就回天乏术了。

智平

“扁鹊见蔡桓公，立有间，扁鹊曰：‘君有疾在腠理，不治将恐深。’”此时的桓公之疾，量变已显，当下介入，则“汤熨之所及也”，可去之。然而桓公不信也不理。之后逐渐发展，疾在肌肤、在肠胃。纵然此时，“针石”“火齐”也能及。然而桓公继续置之不理，终发展至骨髓，此乃“司命之所属”，扁鹊也无可奈何。对于桓公来说，扁鹊的提醒属于危机的“他警”，由别人发现而告知。而桓公并没有实现从“他警”到“自警”的转化。扁鹊三次提醒，但均被桓公置之不理。显期不察，成期难返，桓侯遂死。

在《论语·学而》中，曾子曰：“吾日三省吾身：为人谋而不忠乎？与朋友交而不信乎？传不习乎？”

曾子一日三省以“自警”：替人谋事有没有不尽心尽力的地方？与朋友交往有没有不诚信之处？师长的传授有没有复习？通过每天多次自觉地检查自我，来防止“独善其身”的目标有所偏离。待人尽心诚信，不敷衍以持德；修己温故知新，不骄满以精进。三省之下，道正途明。

一日三省的思想机理，即过程控制。以过程的精准，来确保结果的正确。过程控制，在工业自动控制系统中被广泛运用，其一核心原理叫“反馈调节”，即为了使系统达到或保持平衡的状态，必须时刻采集周边的变化信息，通过偏差比对，使得在量变的初始阶段，就抑制和减弱可能导致不利变化的因素。三省吾身，就是自我的反馈调节机制。以高频的自查，来发现和纠正早期的偏离，从而确保可以一直行在正途。

对于量变的“隐期”控制和“显期”发现，是管理的重点。各种思想教育、规章制度、条约守则、纪律规范，无不是在量变“隐期”“做文章”，希望通过一系列的方法，来尽量避免破坏性量变的产生。而意见反馈、投诉、调研、满意测评，则是在量变时“望闻问切”，希望对已经开始偏轨的事项，能够有所察觉。而对于质变的各种应对和处理，对于原先的事件来说已经来不及了，之所以仍施以雷霆之击，是为了以儆效尤。

所有的危机，都可能成为一个重大的转折点。发现时机和处理方式，将引发后续的连锁反应。虽然每一个当下都是未来的起点，但危机的当下可能会是未来的拐点，因为事业的转折、人生的转折可能就在那里。发现危机，是解决危机的前提。这世上最幸福的事，并不是没有问题产生，而是虽然已经出现了问题，但只要努力，一切都还来得及。

风起于青蘋之末。蘋动即察风起，何其幸也！

一粒种子

将一粒种子埋在泥土中，施肥浇水，根据其喜好，或放在阳光下，或置于浓荫里。数日过后，有嫩芽从种子中破壳，然后出苗，天天渐长，某日开花，继而结果。种、苗、花、果，构成了一个完整的过程。以维度视角解析种子的一生，发现居然蕴含了种种因果。

因果相系。种子是因，正因为有了种子，才有了后面的苗、花、果。种子是始点，若无种子，这一切都不会发生。一切人事物，乃至宇宙万法，其所形成，必有前因与后果。变化，是这个物理世界的本质属性。所有都在变，时时都在变。所有变化，都不是无缘无故产生的，都必然由之前的某些事件引起。然后这样的变化，引起了其他相关的一系列变化。因果前后相系，层层流传开去，在各种因素的作用下，最后甚至会出现让人目瞪口呆的结果。“蝴蝶效应”就是这样的道理。心有福田，“种瓜得瓜，种豆得豆”，警惕恶因和滋养善因一样重要。

因果确系。桃树的种子，无论如何培育，也结不出梨来。不是因为泥土不行，也不是因为阳光不足，而是因为种子的品属决定了只能在各自的类别中产生因果。类别，就是思维对事物发展的分界。边界具有强烈的分断性，若无其他力量介入，则一切变化都只能发生在界内。桃树

智平

要结出梨，除非进行嫁接。但最终结出的梨，严格来说也不是结在桃树上的，而是结在桃树上的梨枝上。没有界外元素的融入，所有的变化都不会有突破性的成果。他维融合，无疑是创新的最佳路径。

因果多系。一粒种子，常常能结出一树果实。为什么因只有一个，果却可有多枚？这是由生命成长的属性所决定的。动植物的成长，一般来说就是细胞分裂的过程，与《易经》中的“是故《易》有太极，是生两仪，两仪生四象，四象生八卦”相契合。这就是万物生长的过程。所以不要小看每一个起点，也许那就是伟大的源泉。

因果同系。果实由种子生长而成，是种、苗、花、果这个过程的结果。同时，果实自身又是种子，若置入土中，将又出现另一个种、苗、花、果的轮回。种子是因，也是果，这是“当下”的属性。每一个事物，都会发展到某一个当下节点，然后由此节点，开启下一段旅程。当下自然是过去的果，却也是未来的因。站在历史的新起点上，面向未来整装上阵才是当下的意义。

因果重系。每一颗种子，都是前面无数个轮回的结果。无数次的基因优化，无数次的自然选择。该物种先前所经历的千万年风雨，都沉淀在当下一颗小小的种子里。种子里涉及的，也不仅仅是自身领域里的因果。肥料的因果、水土的因果、蜂虫的因果，所有与种子有关联的已知的因果和未知的因果，都在种子的因果链条中得以体现。每一个果的产生，都是无数因的再现。对于所有的因，我们无法悉数得知，所以完全没有必要在其中某一个上面过于纠结。

因果相生，因果互根，因果共成。世上所有的一切，都在这生生不息的变化里。

日出东山

立于东山，观日出海；霞光万道，其势巍然。

天际霞光入水中，水中天际一时红。

直须日观三更后，首送金乌上碧空。

——唐代韩偓《晓日》

人们对于日出，一直有着异乎寻常的偏爱，甚至可以半夜起身，登山赶海，风里久候，寒中长守，万般艰辛，只为一睹片刻之景。这份执着，不仅是因为它无与伦比的气势，还与其关联的诸多特质有关。

日出是成长。日出是一个从无到有、由微至盛的过程，这是成长的属性。天时、物候，无不在做周期性的转换。万物都在经历生长和衰亡，此乃自然之法。人生来去匆匆，青盛之年本就短暂，生命又脆弱不堪。庄周在《知北游》中发出感叹："人生天地之间，若白驹之过隙，忽然而已。"人们无法知晓下一个轮回的样式，于是只能在当下的节岁里感怀。喜于生，乐于长，忧于衰，悲于亡。日出，取时于生，无中得有，其威渐成。观之，让人胸蔚朝气，心生希望。

日出是向往。古时耕种，日出而作，有光照才有温饱。加上人类并非夜视动物，晚上行动不便，所以自古以来，人们都有对光明的向往。“长夜何时旦，漏声不自由。寒风吹欲尽，尚作五更愁。”有多少人常在梦中盼黎明，只为等那雄鸡一声天下白。日出，标志着漫长黑夜的终结，完成了由阴到阳的转换。对日出的向往，也是对美好的期待，毕竟只有在阳光下，才能领略大好河山。

日出是更新。日升日又落，日落复又升。岁月，虽然就在这升落间流逝，但每天都在变化，每天都不相同。天地之间有阴阳二气，日夜交替，冬夏更迭。春者何？岁之始也。晨者何？日之初也。一阳复始，万象更新，春晨皆然。一年之计在于春，一日之计在于晨。日出是新的一天的开始，有新的机遇、新的挑战。站在新的起点，当然需要新的状态。

“散云作雾恰昏昏，收雾依前复作云。一面红金大圆镜，尽销云雾照乾坤。”一个人，只有告别过去的黑暗，才能奔向前方的朝阳。

太阳每天都是新的，你也可以。

第二编

行车之道

方向、动力和刹车，是一辆车的三大要素。方向是否精准，动力是否充足，刹车是否灵敏，构成了判断车辆好坏的重要标准。

在大多数情况下，行车的方向只需要稍加修正即可，特别是在高速公路上，方向盘基本不需要有太大的转动。所有车辆在设计时，都是速度越快，方向盘转动起来越沉。因为在高速行驶的情形下，方向的一点变化，都会被放大好几倍出来。高速从来不会设置急转弯道，速度之下的急剧变向往往意味着翻车的风险。在安全的平衡点，速度上去了，同时刹车的距离也会成倍增加，方向盘的自由度当然下降了。

物体速度的变化，对应其动能的变化。速度越快，动能越多，控制越难。改革，难就难在这里。任何事业发展到一定程度时，积累了足够大的能量，也积累了足够多的风险，形成了强大的发展惯性，能够保持原向原速前行，已经是十分不易之事。因为方向的稍许改变，都能带来若干不可预测的后果，更别说是换道了。速度会让风险无限放大，哪怕是路上不起眼的一粒石子，也会对安全产生极大的影响。

在方向正确的前提下，所有的努力才有意义。《南辕北辙》故事里的“老把式”，并非不出力赶车，也是在烈日当空中汗如雨下。然而，

方向错了，越是努力，离目标越远。人生最痛苦的事，就是勤奋与结果的背离。所有的水滴石穿、绳锯木断，都是定向积累的过程。朝着正确的方向，每天进步一点点，才会有意义。是故，若欲成事，必先正向。

动力哪里来？来自油或电的转化。汽车加油，是需要提前选择好相应油品的。若让低劣的油混进去，发动机当然会受损，失去动力导致半路抛锚也会成为常事。为了保证汽油品质，哪怕一直加相应的油，也要多设一层防护，那就是汽滤。所有的油品，都难免会有少许杂质，这些于引擎不利的东西，当然得拒之门外。然而，再好的油品和汽滤，也会有积碳的问题。这不是因为原料不够好，也不是因为没有严格来把控，而是因为这就是燃烧的“副作用”，是物理规律在燃烧过程中的体现。

我们知道加油必须择优拒劣，积碳必须及时清理，否则发动机一定会有这样或那样的问题。那我们对于每天事务的处理呢？日常事务会影响到我们的动力吗？与车相比，思维就是我们的发动机，每天要处理各式各样的“油品”。正面的，负面的，杂质多的，纯净些的，一段时间下来，也会有各种各样的“积碳”。所以，每逢喜事盈门，常会动力满满。但有时啥事也没发生，却觉得颓废无力，甚至外面“风和日丽”，内心反而“阴雨绵绵”。这是什么缘故？车是需要定期保养的，选油品，换滤芯，洗油路。人也一样！你能慧眼常开，避免接触到劣质的“油品”吗？你的“汽滤”够强大吗，能过滤掉日常事务里的杂质吗？你的“积碳”已经有多少，定期清理了吗？

区别一辆车的好坏，关键并不是方向和动力，而是刹车。跑起来之后，能不能刹得住，才是最核心的地方。方向影响结果，动力影响效率，刹车影响安全。方向不够精准，动力不够充足，也能勉强上路。刹车一旦失灵，这车谁还敢开？能不能及时刹住车，是涉及生命的大问题。个人成长和事业发展也是一样。当一个人或一个组织，投入无数成本、资源和时间去做一件事，累积的能量足够大的时候，遇到特殊情况能刹得住吗？如何来保障个体或组织的安全呢？

刹车，并不仅仅是那几个刹车片在起作用，而是一整套刹车系统在工作。在刹车这样的复杂体系里，没有一个组成部件不重要，因为要将高速运动的车辆停下来，简直太难了，需要无比强大的合力才行。在刹车系统里，所有的构件只有分工不同，没有主次之分。你能说出刹车板、刹车油、刹车片、刹车盘，哪个更重要吗？构成系统的第一要素，就是所有成员的平等性。在任何一个伟大的事业里，没有孰贵孰贱之分，无论是领路人还是跟跑者，都是庞大系统里的一个环节，而且都是关键环节。前行者不骄，跟进者不馁，才是事业成功的关键。整体赢了，才是赢了。在历史上，从来不缺百年大业失于决策、毁于枝末的案例。

所有坐在车上的人，纵然己身未动，也能日行千里。这是个人的能耐吗？这是组织的赋能！人的社会属性，决定了我们所有人都在某个组织的“车”里。你的所有速度、所有能量、所有威势，都不是你个人的，都是组织给予的。离开了组织的支撑，会立刻被打回原形。你说你能够风驰电掣，朝发夕至，那是你的本事吗？要不要下车试试！组织的动能加持，在给予个体发展空间的同时，也带来束缚。因为车辆行驶越快，越不容易下车。当你发现车行方向和你的人生目标相背时，往往会陷入选择困境：滞留越久则一定失去越多，但强行下车又一定伤痕累累。这就是世间无处不在的平衡律：能级越高，责任越大，风险越多，束缚越强，改变越难。

每一个驾校教练，都会反复告诫学员：只要脚不在油门上，就一定要在刹车上，没有第三种选择。于是目的地的到达，就在油门和刹车的变化中实现。动力和刹车，是一对矛盾，看似当下的对立，却统一在共同的方向里。矛盾的变换，成了事件的组成。相反相成，这个深奥的哲学道理，在行车过程中得到了最好的诠释。每次在油门和刹车间的转换，都是一次放弃，也是一次获得。既有所失，必有所得。大道之行，无生一，一生二。“一”是方向，“二”即阴阳。阴阳对立，阴阳互根，阴阳消长，阴阳转化，正是阴阳律构成了这个世界。矛盾是普遍存在的。无论将关注点放在“得”上还是放在“失”上，都会产生痛苦，也都不能减轻痛苦。行车的经历告诉我们，应当将注意力放在“方向”上。所有的前进，都是由得失组成的。关注方向，则得失自然会取得平衡。同维无解，升维可破。所有的矛盾对立，在另一个更高维度里，竟然能够如此和谐统一。

行车之道，也即为人成事之道。方向正确，动力持续，刹车及时，知其所在，天下之大哪里不能去得！

新手在途

新手司机，开车特别谨慎。转弯、超车、起步、入库，每一个环节都可能胆战心惊。每逢此时，后面的车辆往往会焦躁不安，喇叭按个不停，更有甚者还会抱怨几句或呵斥几声。

为了避免给自己带来太多的麻烦，新手会在车身贴上各种“实习”之类的标识。很多用词既让人忍俊不禁，又表明了新手的身份。他们希望用各种不同寻常的操作，得到更多的理解和包容。

后面不停按喇叭，是新手最易慌乱出错的时候。本来就对车不熟，一急之下更是手足无措，于是会出现各种错误操作。

后面按喇叭，是为了表示抗议和不满。那到底是为了什么而抗议，又对什么而不满呢？

在后车看来，明明可以通过的，明明可以转弯的，明明可以变道的，明明可以入位的，前车却偏偏在那里磨蹭，挡住了道路，耽误了时间，造成了麻烦。在这样的反差下，不满的情绪当然会即时滋生。

是的，“明明”是可以，但所有的新手，都是“偏偏”啊！他们不是“明明”，并且离“明明”还很远。之所以这样，其原因在于认知差。

請多关照

每个人开车，都是在自认为安全的范围内操作。在这个安全域内，开车比较有把握。随着驾龄的增长，车技的提升，感悟的融入，安全域会逐渐扩大。本来是每小时只能开60公里以内，慢慢会变成100公里以上。本来转弯、变道、入库会犹豫不决，到后来就无比快速敏捷。对于新手来说，判断的做出、胆识的提升，必须以技术为根基。

安全域的外部，就是风险。离安全域越远，风险系数越高。安全域是综合实力的呈现，与个人主体密切相关，包括知识、技巧、反应、心态。甚至可以说，完全是一人一域，你的和我的，当然不同。

如果后车也是新手，那对于这些弱项操作，就太好理解了。可能前车的表现，比他预期的还好，哪有资格去按喇叭抗议。老司机则不同，与前车的安全域差别太大，以己度人，当然会有诸多想法。

每一个人都是一个独立的世界。只有在这个世界里，你才能做得了主，行事才较有把握。世界之外，全然无法掌控，甚至有些根本无法认知。成长，就是可控边界的扩张。学习、经历、练习、思考、领悟，都是拓展自我边界的有效途径。

在允许的范围内，做自己有把握的事，是新手的最高准则。别人的抗议，那是由于域差。别人不是对你不满，是对所有达不到他要求的人不满。然而，别人又不是你，怎么会知道你已经尽力了呢？别人认为很简单的事，在你这里为什么不可以是个天大的难关呢？明白了这个关键，一切就变得相当好理解了。所以根本没有必要急躁，也没有必要不满，更不可以为了让对方满意，而突破自己的安全域，去做那些没有把握的冒险之事。

你的安全是你的，舍己迎人，不值得。你也没有任何必要去活在别人的情绪里。

域差，不仅在开车中，也体现在生活的方方面面。

比如，审美的域差。每个人，对于美的判断可谓千差万别。衣服的搭配、饰物的形态、鞋子的款式、化妆的色彩、家具的摆放、电器的选

择、装修的细节、整体的风格，每个人的见解都不尽相同。

再如，处事的域差。有的主张先充分调研，再详细规划，然后谨慎执行，以防止出现不可控的局面。有的主张勇敢去试，大胆去闯，所有的路都是探出来的，若有变则应变。有的主张萧规曹随，既定的规则总有它的道理，不要轻易做出更改。

又如，社交的域差。有人喜欢在觥筹交错中，化干戈为玉帛，以酒为媒，可以充分展现本我。有人喜欢咖啡、音乐、灯光、沙龙，在艺术的情调下，更能放得开自我。有人喜欢藤竹斜阳下、清风一壶茶，只有在大自然的幽静里，才能寻得真我。

域差的存在，是矛盾的根源，也是理解的基础。个人，是群体的构成要素。社会的运行，就是每个人自我世界的若干交叠。承认差异性，寻求共同点，才是最为正确的应对方法。

一花一世界，叶花且相间，花叶共尘缘。世界因融合而发展，因差异而精彩。本来这世上的一切，就是同中有异、异中有同的。

导航启示

现在行车，已经越来越离不开导航了。在一些复杂的城市道路中，没有导航几乎寸步难行。智能导航，不仅方便了我们的出行，也蕴含了诸多的人生哲理。

在导航里，起行即有目标。明确目的地，是导航的第一要务。没有目标，就没有规划、没有路径。如果自己无法确定去哪里，那再先进的导航系统也帮不了你。导航可以给出建议，那也是在事先确定了目的地的前提下。对于对话式导航，你说出一个目的地，会得到若干选项，你必须在其中选择一个。在导航看来，前行怎么可以没有确定的目标？越是目的明确，越是容易做出选择。如果你自己都不知道去哪里，那别人又怎能相助呢？一切努力，都是建立在有方向的基础上的。目标如果变更，那此前所有付出的辛苦，可能都得重新来过。

在导航里，选择源于对比。所有的优势，都是比较优势。在同一个目的地下，导航会给出几条路线，有的路程最近，有的时间最短，有的红灯最少，有的费用最低。在导航看来，虽说条条大路通罗马，但具体选择哪一条，还是有很大区别的。虽然目标相同，但路径细节有别，因为世上就没有完全相同的两条路。每一条路，自有优劣。此优则彼劣，

此失则彼得。面对各种纷繁复杂的呈现，总要做出相应的取舍。关键在于：你最为看重的是时间，还是费用，抑或是路程。从来没有最好走的路，只有最适合你走的路。一花一世界，一路一风景。这里的遇见，一定是那里的错过。所以，你选择的并不仅仅是一条路线，而是在这条路上相候的所有机缘。

在导航里，当下总是最美。导航最想提醒你的，是当前该向左还是向右。毕竟所有的未来，都是当下选择的结果。无论是向左，还是向右，改变的都是未来的景观。当下的红绿灯，当下的车道，当下的车速，当下的路况，一切起点在当下。在导航上，所有的过去路径，都成印迹，标为灰色。过往已逝，不值再提。所有的未来计划，都是线段，无论红蓝。未来尚远，无须多论。导航会将现在此刻放在最为醒目的位置，甚至占据屏幕的绝大部分，并辅以语音和警报提示。所有的关注点都是现在，因为现在如何才是最为重要的。当下，既承接过去，更开启未来。

在导航里，错点也即起点。即使给出了最优的路线，也总有走错的时候。此时，导航的反应只有一种：您已偏航，已为您重新规划路线。面对过往的错误，导航从不纠结。导航认为，没有错的路线，只有新的起点。你有选择或不选择的权利，它只是给出建议，而不是左右你的行为。个体是自由的，但自己对自己负责，没人可以替代，别人也无法替代。错误的执行，是已知的和未知的、可察觉的和不可察觉的诸多因素的共同结果。时间的浪费、油耗的增多、磨损的加剧，这些都是因为犯错而付出的代价。但事已至此，既然已经错过，那再多呵责也无益，不如齐心协力共同破局，看看之后的路怎么走最为妥当。人非圣贤，孰能无过。如何正确对待错误，才是一个人毕生要学习的功课。所有的错点，都是新的起点。导航告诉我们，放下痛苦，停止互斥，与其悔恨不前，不如携手未来，这才是正解。在导航这里，再大的错误，也不过是再规划一次，不同的只是更换了前行的路径。

目标、规划、选择、执行、纠错，每一个环节都是成功的组成构件。志行千里，始于跬步。面向未来，才有一切未来！人生若能行如导航，岂不美哉？

高速驰骋

千百年来，人类一直有飞天的梦想。从用各种物具承载希望，到靠现代机械载人飞翔，人类一直在释放梦想。这种释放，是自由度的释放。飞行，是方向的自由，也是速度的自由。“天高任鸟飞”，任何方向都可以，似乎想飞多快都无妨。

高速路设置速度上限，不是因为你没有能力开这么快，而是超过这个限速后，风险会成倍增长。那开慢一点会安全吗？如果过于缓慢，会和超速一样不安全。在高速上，风险指数与速度的关系，就像微笑曲线。在某个速度区间内，风险较低，一旦突破这个速度区间，无论速度太快或是太慢，风险都会急剧上升。速度区间，是综合考量便捷与安全后取得的一个平衡。安全阈值，就是这个区间的两边极限，也是指数走势开始上扬的转折点。阈值逸出，无疑将是极大的冒险。

区间思想，由来已久。老子的阴阳，“孤阴不生，独阳不长”“飘风不终朝，骤雨不终日”。儒家的中庸，“中者，不偏不倚、无过不及之名”。禅机的随缘，“人生如沙在握，至松不得，至紧亦失”。区间思想，在生活中也随处可见。如统计中，先去掉最高分和最低分，然后取平均；决策时，人在极喜和极悲状态下，皆不宜做任何选择；再如经济学，

价格一直围绕价值上下波动；股市里，也总是走出某个时间基数的振荡行情。行在区间，不执两端，才是万物的常态。

高速路上，大型车辆只能走慢车道，不是因为大车开不快，而是不可以。规定大型车辆只能在边道慢行，不仅仅是为了让路给小车，而且是因为它们的能级太高了，危险性实在太强。在物理学中，一个物体的动能，是其质量和速度平方乘积的二分之一。大车的重量，动不动就是小车的几倍、十几倍，一旦速度上去，这样的动能当量，是小车绝对无法抗衡的。碰撞中的动能转移，会远超普通小车的安全承受极限。所有的老司机都会反复告诫新手，一定要离大车远点。在大车旁边，它的动能甚至会大到让人顿生压迫感，大到雨天时周边竟能形成一片水雾。同时，大车的制动时间和刹车距离也远超小车。不是它的制动技术不行，而是在如此大的惯性下，根本没有办法立即刹停。能级越大，控制越难。

高速路上的事故，十有八九缘于变道。或是超车，或是避障，或是爆胎，无论基于何种理由，变道的那一刻是风险最为集中的时候。车道的划分，是基于安全车距的判断。在一个车道中行驶一段时间后，与前后车的距离相适应，速度相匹配，于是构建了一个移动的安全空间。你如果一直保持在这个位置，只要重点防止前车急刹即可。然而，当左右出现更为安全的空间，甚至连防范前车急刹都不需要时，大多数人会做变道的选择。高速路上开车，其实就是安全空间的不停变换。但这样的安全，只是你认为的安全。在高速行驶下，距离变化的用时极其短暂，留给你应变的时间极少。高估自己，低判风险，两者间的差值就是事故发生的概率。因为你的变道，打破了别的车道的平衡，更容易导致事故的发生。很多时候，给别人带来麻烦，会让自己更麻烦。

看起来是你在驾驶车辆，其实是你和车辆共同经历了这段旅程。你是“领导者”，车子是“具体执行者”。“领导者”的状态再好，如果“执行者”出现了问题，那一切都是徒劳。车子是一个输出的整体，发动机、刹车片、方向盘、轮胎、油泵等，所有这一切构成车况，每一个都极其重要。在一个整体里，零件之间没有尊卑之别，只有分工不同。并非只有发动机、刹车片出了问题才是问题，防冻液泄漏导致车辆半路抛锚，雨刮器损坏导致车辆无法上路，这样的例子时有发生。真正的平等，来自否决权的平等。只有变得不可或缺，才会显得无比重要。

高速路上错过一个路口，是难以后退重来的。无论是看错指示，还是疏忽出口，或是不及时换道，错过了就是错过了。而且一旦错过，纵然有千差万别的理由，在结果面前也并无太大差别。懊恼吗？那是当然。错过路口，意味着会增加油耗，会多花精力，会浪费时间，这些都是为错误付出的代价，但并不意味着就是"穷途末路"，一切皆有转机。调整状态，继续前行，从下一个路口出去即可。虽然错过了最佳路径，但只要目标没变，总有其他路线可以抵达。无数事实证明，只有在发展中才能解决发展中出现的问题。

服务区的设立，是为了补给——体力的补给、能源的补给、车况的补给。为什么要补给？目标的实现，是需要用一系列代价来交换的。这也是"幸福来自奋斗"的意义。表面的舒服可以是熵增，真正的幸福一定是熵减。所有现状的改变，都是不断努力的结果。服务区对精力的补给，很多情况下并非对食物和睡眠的补充，而是节奏的变化。高速路上开车容易犯困，那是相同节奏带来的疲乏。差不多的速度，差不多的噪声，差不多的风景，窄频节奏的刺激，都会有催眠的效果。进入服务区，所有的遇见都和高速路上不同。节奏变化之快，会一下子让人思维异常活跃。克服困乏的办法还有一种，就是听音乐，在音乐的不同节奏中可以兴奋起来。通过环境的变化，感受节奏的更换，也许生活会更有色彩。

让出救援通道，利他即利己。你不努力奔跑，就会被人超越。如若停滞不前，就成他人障碍。所有的犹豫不决，都会增加风险。出口提前示意，留足准备时间。高速行车，是方向与自由的体验，是引擎与风景的私语，是心灵与运动的契约，绝非开快或开慢这么简单。

洗车之趣

对于洗车，大人和小孩的态度截然不同。

很少有大人喜欢经常亲自洗车的，这是一套复杂的劳动，抬头弯腰，跑前跑后，在此过程中还会有弄湿弄脏衣物的风险。一般的司机都是能拖则拖，有的连跑一趟洗车店都不高兴，更有甚者会等下雨来洗。而小孩则不一样。洗车时若有小朋友在旁边，那肯定是要来抢这个活的。水枪、擦布、泡沫，绕来跑去，实在是太好玩了。洗车究竟是苦活，还是趣活？为什么体验就充满趣味，劳动却是苦差呢？

所有的经历，都有开拓性和重复性的区别。去一个陌生的地方，总归是充满好奇和期待的。而去多了以后，会有无聊之感。所以有人说，旅游就是从一个你待腻的地方，去另一个别人待腻的地方。刚买了一个心仪的物品时，会爱不释手，用起来无比小心。但使用久了之后，珍惜度会慢慢降低，最后可能随处乱扔，即便没有丢弃，却也再难找到。这种因新旧转换而导致兴趣高开低走的态势，难道仅仅是因为新鲜感的变化吗？那新鲜感又是什么呢？

人终其一生，都在不停地填充思维架构，这就是一个人的成长过程。成长不仅是身体的事情，更是思维的领域。因为身体机能一般在二

十五至三十岁后会一直衰退，思维和精神却能够一直成长下去，甚至万代传承。在思维成长中真正起作用的，并不是身体的经历——你曾经去过哪些地方、遇到过什么人、做过哪些事，而是在身体经历过程中产生的思维，是你的思维在经历这一切，甚至身体没有经历过但思维去过也算。因为所有的机体经历都是通过各种感官，将感知到的信息传递并转换到思维经历里，沉淀在思维架构中。

这种过程，就好比在架子上摆放物品。当第一次经历某事时，在与之对应的那片思维森林里，会捡到各式各样的宝贝，有的是感官刺激，有的是新奇体验，有的是关联思考，这些思维收获最后会全部放在思维架构里。等到第二次去的时候，那片森林可捡的东西已经不多，可能在某灌木丛中还能有所捡拾。等到下次再去，除非深入密林，否则已经难有发现。去的次数越多，越无所收获。无聊的本质，就是在当前机体的经历中，思维架构上已经没有新的物品可以添置。此时，个体成长的强烈诉求会让你去别处找寻。

如若想一直保持思维成长，只有两个办法：同维换象，或者同象换维。此地待够，移居彼处；此物无趣，再购新品。这些都是同维换象，在同一个维度里，通过更换不同的对象，来获得思维的成长。这是低层级的成长，以此换来的物品很多都属于地摊货。因为低维的物品，并没有深度，也不够精致。同象换维则不同。每个经历的对象，在不同的维度视角下，可以是完全不一样的呈现。同样的一束白光，棱镜可将其变成七色的，透镜可以将光聚焦，一杯水可以让光发生转折，双缝干涉实验可以将光变成波。虽然白光相同，但当维度变了时，思维架构上就会又添无数货物。对于白光的研究，在此情形下，兴趣怎么可能有丝毫减退？

思维，就是思想的维度。思维的成长，就在思维本身。与其换象取次，不如换维求优。一旦思维进入了这个层级，就可以领悟道之意了。

5路公交

在每个城市里，较辛苦的职业之一，就是公交车司机了。这样的辛苦，可不仅仅是早出晚归和久坐，还有街道的拥堵、人群的杂乱、路线的枯燥和启停的无奈，以及视野盲区带来的未知风险。如果再遇上个别无礼的乘客和突发的状况，更是对耐心和能力的考验。

在主线行驶的公交车，常常人满为患，如果班次再少一些，每次进站都是大场面。人群如浪般奔涌，再优雅的等待者，也能瞬间进入角力状态。

为了容纳更多的人员，大多数的公交车都只设置少许座位，于是椅子便成了公交车上最有价值的资源。资源的有限性和需求的大量剩余，会衍生出两个方面的秩序规则：一个是时间，一个是礼仪。

先到先得，是社会运行中默认和通用的秩序。三维是多向的，对其做出各种规定比较困难。而时间是单向的，按照其流向制定规则当然容易很多。无论哪个方向过来的乘客，谁先出现在这个空间节点上，谁就拥有其使用权，极其简单，极为易行。

仅以时间为序，虽说最为通用，但体现不了社会的友好。一个社会的文明程度，集中体现在对弱势群体的关爱上，这也是中华传统美德的

重要组成。老弱病残孕和抱小孩的乘客，只要上车，就在座位安排上具有优先权。这是社会秩序的特定应用，是公共约定的、个体必须遵守的，在法律框架外由所有成员的道德认知来捍卫。

公交车里并非总拥挤不堪，特定的时段、特定的路线也会出现乘客寥寥的情况，甚至有的公交车里还会一个乘客也没有。然而，即便是一辆空车，也并不影响司机的操作，还是一个站一个站地往前开着。没有一个公交车司机，会因为乘客的下车而更改车辆的行驶路线。无论车上是否有乘客，都会开到终点。

极少公交车司机会因为乘客的到来而喜悦，也几乎没有公交车司机会因为乘客的离去而伤悲。不乱于心，不困于情，无喜无悲，无所期待，庄子将此境界称为逍遥。生活是自己的吗？那谁又是我们生命中的乘客呢？我们因为什么而困住了自己，又因为什么要如此感怀？

在这座城市里，5路公交车每天往返于城郊和市区之间。滚滚车轮，不停地旋转。何人能说清楚，这到底是从冷清驶向繁华，还是从喧闹驶向空寂？

一把吉他

乐器的种类繁多，既有历史的传承，又有当下的创新。能与歌者的吟唱完美契合的，吉他绝对算是一种。

一位歌手，一把吉他，一段旋律，一个故事。吉他的演绎方式有很多，疏音写意，无疑是相当高明的表达。指尖拨动琴弦，在音符的缓缓流淌中，时而轻唱，时而低吟，似乎在传递着灵魂深处的涟漪。若能再有合适的氛围和歌手的气质来匹配，置身于这样的场合，甚至像是某种修行。这种震撼心灵的力量，源自音乐的魅力。

音乐，通过旋律、歌词等的组合，表达作者对各种事物的理解。可以是瞬间的感悟，可以是难忘的记忆，可以是片刻的美好，可以是生命的体验。

一首歌，一段曲，就是一种记录。歌曲一旦完成，就会成为一个独立体，仿佛拥有生命，或许被欣赏，或许受冷落，或许有挣扎。当与歌曲相遇时，感动的自然会感动，喜欢的自然会喜欢，漠然的依然会漠然。

一花一世界，一曲一境域。

歌曲，是作者的经历片段，也是作者的境界投射。人和曲之间是相通的。如果说孩子是父母的生物遗传，那歌曲就是作者的精神复刻。作者的层次决定了歌曲的层级。

歌曲，能唤醒听者的能量。尤其在演出现场，图片背景、灯光音响、器具陈设、仪态造型、服饰妆容，无一不是参与的元素。琴弦一振，歌喉徐开，整个空间的能量都会为之流转。这样的调动，能够深入在场者的心灵，倾听者越是投入，其情绪越是高涨。当这样的“随动”达到某一程度时，也许听者的整个身心都会出现“共振”，不自觉地随着音乐的节奏晃动摇摆起来。

真正的音乐欣赏，岂能仅凭双耳？既然是来自对方心灵的音符，当然要用自己的心灵去碰撞，才能体会那无比美好的玄妙所在。欣赏音乐最好的方式，是在音乐响起之时即无我，从而融入对方想要展现的世界，看潮起潮落，闻草木芬芳，听虫鸟悦鸣。音乐本来就是超越感官的“灵性存在”，听而非听，在而不在，或可得其妙。

音乐传递的东西，具有时空滞留性。一场震撼人心的演出结束后，无论时隔多久，那动人的旋律都会在记忆中萦绕，宛若演出依然在进行。即便是对音乐并不精通的普通听众，也能真切体会到“余音绕梁，三日不绝”的美妙感受。

音乐，是心灵的具象。怎么能够突破自我的束缚？或许，凭借一把质朴的吉他就可以。

养只小狗

很多人喜欢养宠物，有的宠物还被当作家庭成员，其中最受欢迎的当数小狗。金毛、比熊、泰迪、博美、秋田、哈士奇、田园犬等等，家里如果能养上一只，会给平静的生活带来无尽的乐趣。而遇到那些特别调皮、捣蛋、倔强或体弱的，也会平添一些烦恼，甚至让人屡屡抓狂。

大多数人养狗，并不是为了赚钱，相反还添了一笔并不算小的开销。防疫、治病、美容、伙食，一个都不能少。农村人养条狗，可能有看家护院的安全需要。城里人为什么也这么喜欢养狗呢？难道仅仅是因为一时的兴趣或出于陪伴的考虑吗？

迷在物中，解在物外。

小狗有着极大的热情，精力相当旺盛，对一切充满好奇。一个人的幼儿时期，也与小狗一样生机盎然，对所有的未知都充满探索的欲望，会随时为此付出行动。随着年龄的不断增长，见识和经验日趋丰富，挫折和教训当然也有所积累。成长，就是一个蜕变的过程。在旦暮更迭的人生旅途中，机能在衰退，活力在减弱，兴趣在降低，这些都是阅历增加而带来的“副产品”。

阅历者，既阅人，也历事，更砺心。天道有阴阳二理，世界有阴阳二气，社会有阴阳二面，个体有阴阳二观。人生百年，就是阴阳相对，阴阳互弈，阴阳共生，既有正向的塑造，也有反向的打磨。当阴暗的能量积累到一定程度时，会对个人产生各种负面的影响。情绪爆发，是负能量的心理外泄；病痛折磨，是负能量的生理释放。外泄和释放，都是由于过度积累而由阳向阴转换。前者是突破了理智的封印，后者是突破了健康的防线。

怎样才可以降低负能量的能级和影响呢？最好的方法，当然是不受来自阴暗的浸染。可是，这对个人的修为要求实在太高，需要有一颗无比强大的内心，或无比空灵的境界。两者得其一，这是上策，也是根本之法，但大多数人无法做到。那么，不妨退而求其次。既然不能从源头上防治，那就从流程上介入吧。于是，以正阳能量，来对冲阴暗所蓄，就成为最易施行的办法。问题是，正阳能量从何而来呢？除了书本所习、交往所获、感悟所得，还有其他的途径吗？当然有，可以“近朱者而赤之”。

所有的小狗，只要未至暮年，总能让人感受到一股燃烧的激情。极其好动，极易反应，极愿表达。它们有使不完的力气、停不了的探知。它们有令人羡慕的重启本领，无论遭受了怎样的挫折和责罚，很快又能十分开心地进入新的开始。它们的诉求不多，有时所有的幸福可能也就是一小块零食。它们能够自得其乐。主人在的时候，就和主人玩，或萌或疯，或灵或傻。若没人在，就和器件玩，桌椅板凳，万物皆是玩伴。实在不行，就和自己玩，追着自己的尾巴，也能玩上半天。小狗的快乐，无处不在，无时不在，哪怕只是晒晒太阳，也是惬意无比。家门口，墙根下，小道旁，每一个可以尽情趴着的地方，都是不可多得的“宝地”。在小狗的世界，时间只是时间，境遇就是境遇，自己才是自己。

除了能量对冲，小狗还能带来其他的顿悟契机。

遛狗，其实就是一场生动的博弈，是一个双方不断坚持、角力、让步、妥协、合作的过程。沿途遇到感兴趣的东西，小狗会长时间地驻足，而且一旦倔脾气上来，很难将其拉走。此时呵斥在所难免，最终总有一方让步。若有其他小狗前来挑战，无论如何胆怯，至少也要装腔作势吠两声。何时结束，全得靠主人的介入调停。乱钻树丛、扑捕动物，都是小狗爱干的事。放纵还是制止，全凭主人的意愿。遛狗时，狗一般是跑在前面，动不动会将遛绳拉到极限，此时主人最好干脆跟过去，不然往回拉就比较费力。一些大型犬，往往会用力将主人拖着，甚至让人不得不在后面跟着跑。

犬的照护，是一项比较费神的工作。生病就要就医，排泄就要处理，异味就要去除，掉毛就要收集，脏污就要清洁，拆家就要修补，这些都是让人难以愉悦的事情。但是，大家依然乐意养狗。因为这就是萌宠相伴的代价。喜爱，不就意味着容忍吗？狗无完狗。新手养犬攻略上，会列有各品种犬正反两方面的显著特点：温顺但多食，性憨但拆家，可爱但掉毛，聪明但难管，体柔但易病，所有的呈现都是正反双向的融合。这世上哪有十全十美的狗！喜爱其优点，也就是容忍其缺点，这就像一枚硬币的两面，欲获硬币，必得正反。

越是柔弱的小狗，越能引起主人的恻隐之心。对于弱者的同情，源于每个人内心深处的善良。特别是当双方能力悬殊时，同情心更容易被激起。越是能力强大的人，越不愿看到他人受苦。富人乐做慈善，名人爱好公益，就是这个道理。

狗是人类的伙伴。人们对狗的喜爱，远不止于生活之中，已经融入名字、文学、艺术、武技、神话等方方面面。很多人养狗，早已超越了日常点滴，他们是将其宠养在精神世界里。在成年人的“江湖”，最为向往的美景，也许是肩扛一把刀，手提一壶酒，旷野一个人，后随一条狗。

透纱望月

生活的乐趣，就在生活之中。

南方闷热且多蚊虫。于是，纱窗便成了首选，既让凉风可进，又让蚊虫不侵。纱窗有很多种规格，细目或粗孔，铁质或纱线，固定或隐形。纱窗的清洁，比玻璃麻烦一些。纱窗的毁损率也更高，若有洞不补，总有蚊虫钻进来，洞也会越来越大。对于冬天较冷的地方，秋后一般会将纱窗取下来，以获得更好的视野。

透纱望月，有何启示？

得失取舍，平衡选择。纱窗的孔径是很有讲究的，既要防蚊，也要透风。一般的纱窗，寻常的蚊虫是进不来的，但特别小的那种虫子，却可以从孔中爬进来。然而设计纱窗时，并没有将这个情况考虑在内。因为毕竟爬入的本就极少，即使能爬入的也不一定都咬人。而如果将孔做得过细，则会严重影响视线。在充分考虑得失的情况下，做出平衡选择，才是正确的举措。鱼和熊掌，哪能兼得？平衡，是世界的运行规则。得舍之下做权衡，是高明的管理，是智慧的呈现，也是人生的功课。

全则易洁，漏而惹尘。玻璃和纱窗，构建起房屋的防线。玻璃将除了光线之外的一切，挡在了外面。本性为刚，纵有污垢沾染，也并无深度纠缠，极易清洁。越是风雨交加，越能带走积尘。纱窗是部分防护，除了蚊蝇之类，风雨尘虫皆能入。纱窗有漏，往来留痕。浮尘细屑是气流的随从，没多久便会将孔眼阻塞，纱窗需要清洗。既然选择了纱窗，那就要面对纱窗带来的一系列麻烦。彼时之喜，此时之忧，又何须懊恼？

攻防有别，莫存侥幸。纱窗上任何地方的一个破洞，总会钻进蚊虫来。只要防线有损，哪怕只是不起眼的一点点，都可能导致失守。进攻讲究的是重点突破，可以一强九弱。防御力求的是完美无缺，必须无失无损。所以在互有攻防的棋类比赛中，才会一再强调：永远不要将胜利的希望，放在对手的失误上。轻敌，向来是兵法大忌。在任何形式的对抗中，都不能有侥幸心理。一定要相信：对手往往比你想象得要聪明太多。若进攻，则聚力，但破即可赢；若防守，则极致，以全方不输。

形无常态，因时而变。纱窗常见的形态，是可拆卸式，不仅是为了清洁方便，更为了在秋末时节，又可以恢复一眼千里的无障感。这也是隐形纱窗受欢迎的原因。人们在夏天十分喜爱和依赖的纱窗，在冬天最是累赘。纱窗会因为曾经的功劳，而赖着不走吗？时势皆变，何必固形呢？再有用的物件，若时势不对，也和废材无异；再多余的物品，若时至势归，也可以“东山再起”。“天生我材必有用，千金散尽还复来”，这是何等洒脱！

新旧更替，难离岁月。纱窗的损坏，不是因为老化，就是因为清洗。岁月最让人唏嘘的，是流逝。有些纱窗，哪怕一次都没有用过，若干年后拿出来，也难逃“崩纱”的结局。无论你察或不察，纱窗的衰落一直在发生着。过于用力地清洗，则更是加速了这个进程。再好的纱窗，几年下来也得更换了。由新转旧，新物的灭也是旧物的生。拆旧换新，旧物的亡也是新物的起。万事万物都在哀伤着，也都在幸福着。生灭交替，新陈代谢。

万年明月一片纱。这不就是“当下”的美好吗？

小院大医

一些规模较小的医院，会请一些大医院的专家定期前来坐诊，特别是刚退休的主任级别的知名医师，十分受欢迎。大医生的到来，提升了小医院的综合诊疗水平，也给周边病人带来了福音。有些患者在大医院排上十天半月也不一定有的某个专家号，在这些小医院里却可以轻松挂上。

小医院大医生，是一种典型的优势互补合作模式。

小医院，没有名气，难以取得患者信任。日常运营，医职后勤，设备维养，都要不少的开支。如果将医院看作一个经济体，当支出已经减无可减时，收入的增加就成为生存的唯一途径。小医院急需一个理由，让患者心甘情愿前来求医，并且确实能够药到病除。

大医生呢，经验丰富，技术过硬，人脉宽广，信者众多，特别是内科专家和中医传承人，很多人在退休年龄，仍处于人生的巅峰时期。自古医者仁心，大医大爱。如何继续让广大患者受益，让积累了大半辈子的经验技术仍然有用武之地，也是横亘在他们面前的问题。他们迫切需要一个平台，可以继续悬壶济世，造福天下。

于是小医院和大医生，就一拍即合。

挂号处
智平

优势互补，是绝佳的合作模式，因为其实现了结构的优化。这种优化的特点，是双方均于对方最薄弱处，给予最强有力的支撑。你的特长，正是我的短板；我的优势，正是你的急需。这样的匹配，如同榫卯结构，既牢靠，又共赢。

这个社会，是以结构的形式在运行。最小的社会结构单元，是个人。其他的所有组织，都是若干个体的结合。搭档、家庭、部门、机构、公司、集团、社区，都是由个体组成的不同结构。结构一旦形成，无论内部如何区分，对外就是一个整体。这样的整体，从结构的视角来看，和个体有着太多的相似之处。

再大的组织，也可以当作个体来处理。纵然组织的能级大小各不相同，但在核心内理上都是一样的。这种巧妙设计，体现了真正意义上的平等。

把组织当作个体，不仅是法律和社会的需要，其中也有着深刻的哲学思考。组织的个体化处理，一下子就将纷繁复杂的社会，变得特别清晰。

组织也是个体，个体的特质当然可以在组织中体现。很多道理是相通的，只不过是换了一种说法而已。

所有的个人，都是有明显的优缺点的；组织也有各自的优势和弱项。个人是有性格和精神的，组织也有组织文化和传统作风。个人会有生命周期，组织也有历史周期。个人行事，是有偏好区别的；组织的处事风格，也是各不相同。个人的某部分机能失调，就会生病；组织的某部门运转不灵，也会出现问题。个人对病灶的处理，能保守治疗就吃药，危害重大就切除；组织对病灶的处理，能教育整改就察看，无法改过就开除。个人有知心朋友，也会遭人怨恨；组织有合作伙伴，也有竞争对手。个人的社交，是气质的展现；组织的宣传，是形象的推广。个人机体有分工，大脑负责指挥，六觉负责感知，四肢负责执行；组织内部有分工，有领导决策，有情报收集，有执行落实。个人往往以自我为中心，强调权属、成长和发展；组织也存在这样的问题，任何组织都有显著的边界性，一切活动均是围绕着组织利益而展开。

组织可以作为个体，合并后的组织就是一个新的单元。个人加入组织，也会形成新的个体。无论组织还是个人，所有个体间的合作，最好能让优势得以发扬，缺陷得以弥补。如果刚好形成优劣互补模式，己优即彼劣，己劣而彼优，那这种匹配简直堪称完美。无比高明的规划，加上无比强大的执行，这样的搭档是可遇而不可求的，或许能成就一番伟业。

小医院和大医生，原先的两个个体，都有各自的优劣。其中的劣势尤为突出，甚至已经成了继续发展的障碍。而双方一旦合作，结成新的个体之后，不仅双方都可以脱困而出，其战斗力还会得到成倍提升，远不止简单的优势相加。对于原先的个体来说，这就是维度强化。以全新升级后的个体，再回到原来的维度里去竞争，哪有不赢的道理？这就是合作的机理，也是集体的意义。

你有技术，我有资金；你有人才，我有平台；你有设备，我有场地；你有产品，我有渠道。因为时间和资源的有限性，也因为发展路径的特异性，所有的组织和个人一样，都是有优也有劣。为了在激烈的竞争中立有一席之地，寻找共同成长的伙伴，便成为组织至关重要的事情。很多时候，优势互补对象的出现，会成为前行路上的转折点。“柳暗花明又一村”，往往就“明”在这里。

河豚当季

河豚位居“长江三鲜”之一，被誉为“菜肴之冠”，在中国传统饮食文化中占有一席之地。俗话说“吃了河豚，百样无味”，道尽了其鲜美。每年“蒌蒿满地芦芽短”的季节，正是河豚逆江而上之时。

品食河豚，美味与风险并存。阴阳之道，在河豚身上得以充分体现。其肉极美，其毒极烈。味美与毒烈，构建起一对平衡。变化，是这个世界的属性。平衡，是这个世界的法则。万物的运行，就是在不同的平衡之间转换。此理可用静湖入石观之。湖面如镜，本来处于一种平衡之中。这样的平衡，已经是无数博弈的最终呈现：空间的和时间的，山石堤坝，水流变迁；已知的和未知的，鸟飞归林，鱼潜九渊。时空弈和下，若有石扰，则立即开启平衡的转换。从止水无波，到浪起千层，再到归于寂静。前后看起来一样平静，实际上后者已多石之一物。波浪起止，是新旧平衡之间的过渡。有波峰，必有波谷，波峰越高，波谷越深。万般波折，无不始于平、承于平、归于平。

品食河豚，经验与谨慎并存。河豚毒素在自然界是毒性很强的。其实，河豚肉中并不含毒素。河豚最毒的部分是卵巢、肝脏，其次是肾脏、血液、眼、鳃。让河豚实现从极毒到极美的转化，关键在于厨师。

处理河豚，需要过硬的技术和丰富的经验。各大饭店的河豚厨师，都必须经过严格的专业培训。然而，过分相信经验，也会带来风险。任何一只河豚的处理，都得慎之又慎。技术稳定是经验的加成。解决技术不稳的途径，就必须依靠谨慎的态度，毕竟小心才能驶得万年船。

品食河豚，信任与胆识并存。信任，是胆识的底气，是行为的基础。信任的形成，既要有无数个“当下”，也要有无数个“过往”。是不是大饭店，是不是名厨师，卫生是否合格，食客是否众多，这些“当下”呈现，都是信任形成的前提。以前有没有客人中毒过，是否出现过食品安全问题，是否在卫生方面受过处罚，是否有欺瞒的案例……这些“过往”经历，都是信任形成的参照。信任之下，勇者当然无惧。信任，是当下诸般和过去种种的联合推演，其效应在于对未来的判断。信任，就是未来预期。

“岂其食鱼河之鲂，河豚自羡江吴乡。”中国人自古爱食河豚，险中求美，慎以大成，信而显勇，各得其乐矣。

钟摆起伏

生活，总是于平凡之中显其不凡。

现在仍有很多钟，采取的是钟摆结构。在摆锤的来来回回中，显示出时间的流逝。钟摆总是会经过中间位置，除非发生故障，否则从来不会停留。高点回落和低点扬起，构成了钟摆的运动模式。在这样的钟上，摆锤成了视觉中心，时针、分针反而不会太受关注。

钟摆往复，玄机在哪？

波进人生。如果在摆锤上连一支笔，下面放一张前后缓缓移动的纸，则摆锤将会画出一条完美的波浪。在时间轴上的来来回回，构成了波进状态。波进即人生。虽然我们总是渴望一直站立在成功的顶点，但事实上，曲折才是成长的轨迹。几乎没有谁的人生是一帆风顺的，总是如波浪一般，起起伏伏。在顺境中保持警醒，在逆境中坚守不屈，才是正确的人生态度。摆锤越重，惯性越大。越是低的波谷，只要你这个人够“重”，意味着越有可能攀上更高的峰顶。因此，在波底蓄势重发，在峰顶虚怀若谷，才能从容应对变局的到来。

动则存在。生命在于运动。这里的“运动”，不仅是身体的运动，也是思维的运动、机缘的运动、时势的运动。一切都在变，这就是生命的

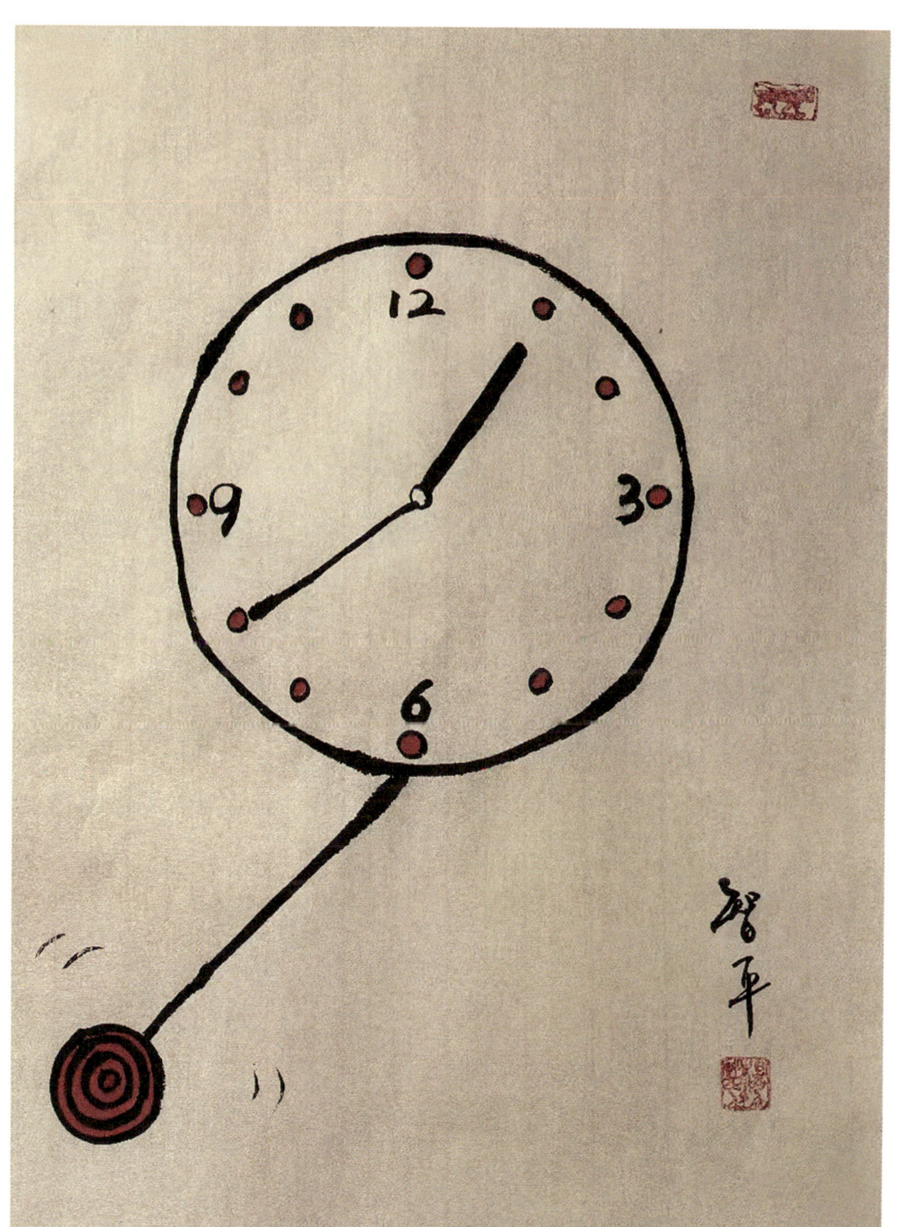
12
3
6
9
智平

本义。摆锤告诉我们：动则存，停则亡。或者以你的运动，牵引机缘的流动；或者别人的机缘流动，让你不得不动。在时钟呈现的这个立体画面中，无论摆锤、时针、分针的分工有何不同，动起来的那个才是主角。一切因它而起，一切以它为重。一群站立的人中，不停运动的人，会成为视觉焦点；一群合作的人中，不停思考的人，也将成为关注中心。人要如钟摆一样，只要“运动”不止，纵然一开始是配角设定，最终也会有主角担当。

隐显有别。无数回的直线往复，在一次次对中心点的趋向表达中，暗藏着波的律动。这样的波动，只有借时间轴上运行的纸张才能解读出来。直线是显，波动是隐。往复是显，峰谷是隐。三维是显，四维是隐。世界，不仅仅是你所能看到的样子。随着境界的提升、视角的切换、技术的介入、能力的增强，便可以在众人所见的“显”中，读出特别的“隐”来。这就是常人和高人的区别。若能于无声之处听惊雷，那将是一种何等奇妙的体验！常说人生不是一场终点比赛，而是一次过程体验，问题的关键是“隐”世之玄妙，你能体验到吗？

同行异势。一个时钟，是摆锤、分针、时针的运动组合。前者兢兢业业的几十步努力奋斗，才相当于后者漫不经心的一步缓出。公平吗？以“行”观之，当然不公平。不公平吗？以“势”观之，当然公平。同样尺寸大小的铁球和木球，扔出去同样的距离，造成的破坏效应显然是不同的。同样花一天时间看书，爱思考的人和不动脑的人，收获当然也不一样。每个人，生而拙巧不同，长而资源不同，哪有完全一致的起跑线？勤能补拙，所以需要更多的努力，来弥补“势”上的差异。巧亦贵勤，否则将无比浪费这一份天赋异禀。势异之下，更当行捷。天下所有成功的人，哪一个不是努力奔跑的人？

钟摆之际，来回是人生，起伏是人生，奋进更是人生！

洗碗涤衣

世界是规律的呈现。

再普通的日常事务，也是规律演示的例题，并且是以你最熟悉的方式，比如洗碗、洗衣。

早餐后洗碗，是每个家庭平常的家务之一。有的家庭早餐后来不及洗，会将碗留在那，等晚上回来后洗。洗碗这样的琐事，里面会有什么玄机呢？如果从哲学视角或用结构理论分析，又能得出什么结论？同样是洗碗，早上洗和晚上回来洗，难道有什么不同吗？

洗碗这件事，早上洗，是早餐活动的一部分。做早餐、吃早餐、洗碗，这三个环节组成了“早餐”这个事件。如果用结构理论对“早餐”事件进行解构，会发现这三个环节有相当大的不同。做早餐，将一堆食材变成了可口的美味，这无疑是一件十分有成就感的事。吃早餐，无论是匆忙而就的“烟火气”，还是精心准备的“艺术品”，在饥肠辘辘的期待中享用，整个过程都充满了愉悦感。而洗碗，往往和油腻、腰酸等连在一起，极少有人很享受洗碗的过程，于是厌烦感便成为洗碗时的情绪特质。然而即使不喜欢，也并不会太难受。因为这样的不愉快，只是早餐环节的三分之一。“厌烦”之前，有“成就”和“愉悦”作为铺垫。

于是，无数次的洗碗，是在对早餐的美好回味中完成的。幸福感仍在，辛苦点无妨。

如果早餐后匆忙出门，当忙碌一天回到家，看到一池的碗碟等待清洁时，无论谁都开心不起来。因为晚上回家洗碗，是独立的事件。做早餐、吃早餐，因为时间的跨度和他事的介入，而和本该成为最后一个环节的洗碗相脱节。这样的脱节，使得最后一个环与前面两个环没有了连续性。有些人忙了一天回到家，甚至想不起来早上吃的是什么了。于是洗碗的辛劳，完全没有早餐的成就感和愉悦感可以对冲；又是建立在一天疲惫的基础上，这时洗碗就很容易成为最令人厌烦的家务。

同样一件事，早上洗和晚上洗，碗碟也不会多一只或少一只。但所处的结构有区别，进而导致感受的巨人差异。早上洗碗，吃早餐是中心事件，对洗碗没有很特殊的感觉。而晚上洗碗，在这个独立事件里，洗碗这件事情就是中心。对中心事件的关注和聚焦，是人们的常态。

任何一个事件，它处于不同的结构时，其实就是两个完全不同的事件。

地域有边界，组织有边界，事件也有边界。早上洗碗和晚上洗碗，边界内发生的事情是完全相同的，同一个人，同一批碗，同量的水。边界内的没变，那是什么导致了不同呢？是结构！不同的结构属性，会带来质的不同。

比如，语言的结构。将批评融入表扬的大结构中，重扬轻抑，这样的批评更能够让人接受。比如，营销的结构。将滞销品与热销品构成组合，前者借助后者的人气形成销量。比如，直播的结构。将文化输出和故事讲解作为主打，产品作为文化和故事的组成，以达到带货目的。比如，宣传的结构。将典型人物从班组中抽离，把个人成长作为独立事件处理。

除了结构理论的解析之外，无论洗碗，还是洗衣，都是一种循环。

由洁到污，再由污到洁，每天除故复新。这样的循环，属于开放型循环，必须在外力的作用下完成。外力，包括水、清洁剂、人力等诸多部分。这些要素的参与，是循环构建的基础。外力作用，是“过程可见，结果不显”。如果在他人洗碗、洗衣时离开，等碗入柜、衣服晾干后再回来，则很难发现循环的过程。于是，见证者的表述将成为重要一环。

事非经过不知难，说的就是对过程的感知。既要会干，又要会讲，说的就是对过程的表述。世人常说让事实说话，但并不是所有的事实都会说话。只有具备明显差异性的事实才会说话，比如食材被做成餐点。而那些几乎无差异的事实，则要帮它说话，就是要让过程得到充分的展现。将过程的重要性，置于结果之上，这就是沟通具有的非凡意义。比如老板往往不知道员工的辛苦，员工不知道老板的艰难。他们并不知道，很多时候仅仅是维持原状，对方就已经拼尽了全力。所以说，哪有什么岁月静好，只不过是有人在负重前行。有些高明的管理者，会将过程展示作为独立结构，以形成强烈的中心聚焦。比如学校会展示优等生的日常，企业会组织奋斗者的分享，媒体会讲述某件事背后的故事。

洗碗属于无损型循环。只要不磕伤碰坏，每次循环结束后，碗的质地还和原来一样。洗衣属于耗损型循环。衣服洗一次旧一次，特别是新买来的衬衫，只要水洗过，再也回不到刚拆包装时的样子。

无损型还是耗损型，关键在于外力对原料的影响。碗走的是“锻凡入圣”的过程：碗在成型前，已经是千锤百炼，经受高温炉烤，才能够从泥土中脱胎换骨。衣服走的是“聚贤成圣”的过程：将蚕丝、棉麻的核心精华抽离，辅以植物、矿石颜料的宝贵色泽，织就成型。因为没有碗的成长艰辛，衣服很难扛得住“磨砺”。碗从烈焰中获得的“铮铮铁骨”，衣服没有。所以，这世上哪有什么成长的捷径，越是辉煌的路，越要千锤百炼，吃更多的苦。

生活琐事，处处玄机，关键是你具备穿透俗障的慧眼吗？

第二编

小鸡尖叫

在所有玩具里，尖叫鸡绝对可以算是一个另类的存在。长相奇怪，是鸡的造型，却有长长的脖子。用力一捏，会发出极其夸张的惨叫。尖叫鸡的设计离“可爱”相去甚远，它的主要功能是解压，用于情绪低落或愤怒之时。那什么是情绪呢？为何尖叫鸡的惨叫有利于发泄？

喜、怒、忧、思、悲、恐、惊，七种情志变化都是情绪指代。情绪本质上就是一种思维模式，是思维逻辑逸出平和区间以外的那部分循环，是现实与期望两者比对的差值呈现，具有极强的建设和破坏双重特征。

情绪具有循环性。人的主体情绪，大多数情况下处于平和状态，不悲不喜，无怒无忧，如同白色光，平平常常，在又不在。一旦受到各种因素影响，就会激发某一方向的思维色彩，逸出平和区间。这个逸出部分，会在区间外独立循环。陷在某种情绪里长时间出不来，沮丧时天昏地暗，忧思时春怨秋悲，就是指这样的循环状态。这是成长型循环，会不断吸收相同的能量补充，使得循环愈加强大。比如悲伤时，会想到此生中所有伤心的过往；生气时，觉得所有人都对你不公；开心时，感觉世界是如此的美好；恐惧时，风声鹤唳、草木皆兵。世界没有变，是情绪循环时吸收的能量变了。同质能量加持下，能够让多种情绪只剩下当下的一种。

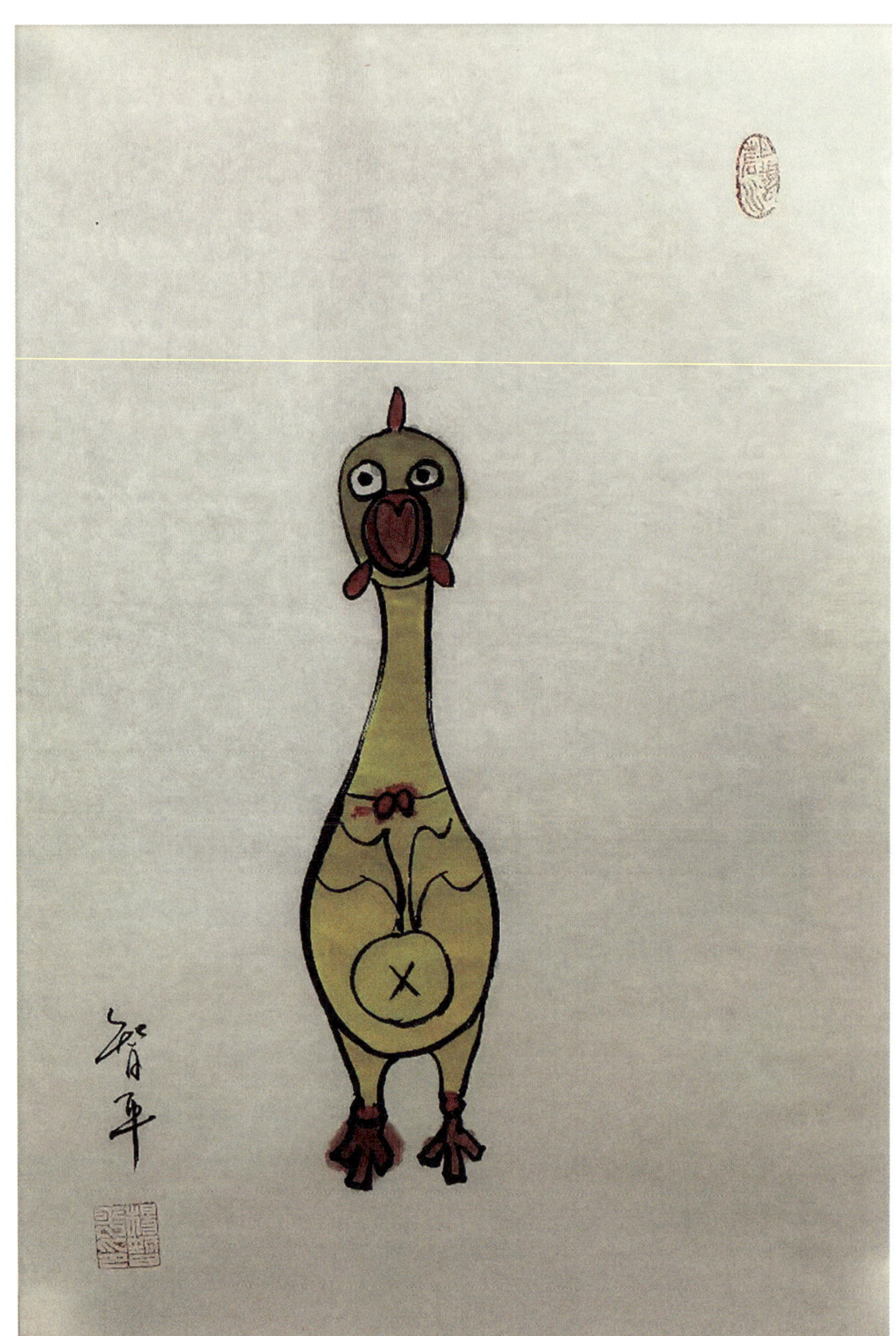

情绪具有掌控性。人是理性的动物，这种理性来源于不同情绪的相互制衡。在不偏不倚、不过不缺的平衡状态下，才能做出明智的选择。而当陷入某种情绪的循环时，随着其能量的积累，一旦达到突破理智的边界，认知和行为都会被其接管。会欣喜若狂，会黯然魂销。忧则天地皆窄，怨则四海为仇。所有正常状态下绝无可能出现的想法和举动，在极端情绪下都有可能。悲可至怅至怜，或者“洛阳城东桃李花，飞来飞去落谁家”，或者“灞桥杨柳年年恨，鸳浦芙蓉叶叶愁”；怒可至莽至勇，行事决然且无所顾忌，古代神话中就有共工怒触不周山，致天柱折、地维绝之说。

情绪具有耗散性。任何一种情绪，都不可能获得永久的能量支持。这是由于能量融合的有限性，以及平衡法则的存在。“飘风不终朝，骤雨不终日”，万物都在生生不息的变化中，情绪也是。纵然某个时段某种情绪暂时独领，也必然会是盛极必衰的变化过程，而且其余情绪也在不断成长和显现的过程中。情绪耗散有两种方式：一是时间交换，二是能量交换。前者是说时间是最好的良药，可以治愈一切伤痛。后者是说根据情绪的属性，用相反属性的情绪来中和。

极端情绪若起，会将人置入危险的境地。任何理智边界之外的情绪和行为，都可能产生让你后悔终身的决定。如何快速逃离情绪陷阱，以免失智成为猎物？

可以行为暂停。感受到某种情绪进入循环并能量加强时，当即停止一切言行。因为此时说出的每一句话、做的每一件事，都带有浓烈的情绪色彩，并且会成为此种情绪成长急需的能量补给。极端情绪产生极端言行，极端言行导致极端后果，这样的恶性反应链，在中间环节必须截断。言止行停为上策，若不能做到，则退而求其次，采用“十息法”。在出言和动行前，数满十个呼吸，这就可以躲过情绪的首个能量脉冲高点。首至盛，再而衰，是情绪的落球定律。情绪一出来时，能量最强，弹得最高，然后随着时间延长，会一次比一次低。十息过后，纵然不能避免错误，也能降低一些损失。

可以情绪对冲。比如愤怒可以克服恐惧，激动可以克服悲伤，怜悯可以克服怨恨。在一个人走夜路的时候，如果路过坟地，那可能是极其害怕的。如果找不到人帮助，那就让自己愤怒起来，想想特别能惹自己生气的事情。让自己处于愤怒的情绪循环中，会有“天不怕地不怕”的气势，盛怒则无惧。一怒之下，你的强大会让自己都害怕。在悲伤的时候，做点让思维激动的事，如听劲爆音乐，或做点让身体激动的事，如跑步、跳绳。悲伤节奏缓慢，激动会将其节奏完全打乱，悲伤就没法进入能量循环。当特别怨恨某些人时，可以想想他们是不是有哪些地方也特别可怜，特别值得同情。可恨之人也必有可怜之处。怜悯心起，百恨俱消。情绪的这种对冲性，是双向的。恐惧也可以克服愤怒，悲伤也可以克服激动，怨恨也可以克服怜悯。

可以维度代换。很多情绪的起因，是与预期的差异。你认为对方应该做成某事，而对方没有，怒则起；你认为对方应该想到哪些，而对方没有，怨则起；你认为只能达到某种结果，而实际超过，喜则起；你认为某事不可能出现，而实际出现，惊则起。负面情绪，具有更强的破坏性，需要格外警惕。当处于彼时循环时，可以用角度、时间、境遇等维度代换破之。行为是角色的延伸。很多事情不是他想做，而是角色使然，谁担任这个角色都一样。角色代换，可以增加理解。遇到挫折伤心难过时，给自己一个时间加成，想想若干天后走出困境重上巅峰，可能会有不小的愉悦。时间代换，可以多些平和。所有的决策，都是某个境遇的当下决策，受制于诸多已知和未知的因素。每个人都是其过往的呈现，哪能随随便便改命逆天。境遇代换，可以更加包容。

世人常成于一念，也常毁于一念。念出由我，还是念出非我，皆与情绪的应对之法密切相关。和万物一样，情绪也有兴起衰灭的过程。初起，即察之！

何以守株

《韩非子·五蠹》记载：战国时宋国有一个农民，看见一只兔子撞在树桩上死了，便放下锄头在树桩旁等待，希望再得到撞死的兔子。这就是成语“守株待兔”的来源。

宋人为何愿在树桩旁久守，守至何时才会离去呢？耐心的持与灭，有什么道理可言吗？

所有的等待，都是用时间去交换。时间，是超越一切财富的宝贵存在。出生和死亡，是一个人的起点和终点。人在起点时，一无所有；在终点时，也是一无所有。两点间的距离，就是时间。离世时，真正可以带走的，就是这一生的时间。尘世间所有带不走的一切，都是留下用来陪伴其他人的时间旅行，就像别人留下来的陪伴自己的一样，这也是传承的意义。留下的财富，会让他人身体更自由。留下的思想，会让他人心灵更富有。所以，用时间去交换的东西，要看其价值如何。

什么值得用时间去交换呢？那就是时间本身。无论财富还是思想，都能带来自由。有足够的财富，就不用花费大量的时间去为生存而挣扎，可以将时间分配在自己的兴趣爱好上。有高深的思维，也不用被别人的想法占据思考的时间，谁不喜欢在自己的维度世界里徜徉？

宋人用锄地的时间，来交换守株的时间，是为了捡得兔子，而省去打猎的时间。第一次捡得兔子，这是一个极其划算的时间交换。于是还想要有第二次。然而，兔子撞树，是一个极小概率的事件。兔子有自己的时间线，宋人也有自己的时间线，本来是各自发展。兔子撞树被宋人看见，那一刻是兔子和宋人两个独立时间线的交叉点。这样的交叉点，就叫作运气。出来锄地而捡到兔子，实在是好运气。没有人知道，是否还会有这样的交叉点出现，等待不一定会出现，但不等待肯定会错过。怎么办？那就等一下看看。

当等待的时间超过打猎的时间时，就是赔本的买卖，否则就是划算的生意。所以宋人一开始会选择去等。当然，宋人的可笑，就在于对概率的无知。他不明白，交叉点的出现，极其偶然。如果他有全村、全县乃至全国的统计数据，就会知道很难再有第二次。或者如果他去问一下村里的老人，从老人的这条时间线上，也可以得出鲜有可能的结论。再者，如果他研究一下兔子的路径、树桩的位置以及兔子的风险避让本领，也会得出相同的答案。然而他没有。在他的一生中出现过第一次，他当然相信还会有第二次，这不正是他总结第一次的经验而得出的结论吗？经验本来就是一个统计意义上的概念，样本越大越靠谱。执着于小概率的事情，就会造成大概率的失望，这是时间的非对等付出。

宋人不会一辈子等下去，当时间付出远超时间收益时，就会失望而归。哪怕对自己的幸运信念再执着，当从等待的时间和过往的经历中也能得出捡兔概率时，也会放弃。或者，当家里人赶过来一顿责骂，让他感觉到有可能丢失更多的自由时间时，不得不放弃。所以，守株的耐心是否持续，是与时间收益密切相关的。

因为看不到时间的正向流入价值，所以会失去耐心：没有耐心学习，没有耐心倾听，没有耐心陪伴，没有耐心等待。时间，是一个人最昂贵的财产。亏本的时间交换，是所有人最不愿从事的买卖。

极点危机

跑步，是一项广受大众欢迎的项目。很多城市每年都有马拉松比赛，有全马、半马等，举办方会贴心地推出不同项目供大家选择。而且很多地方将马拉松比赛设在最美的路段和最美的季节。湖水映山，樱花似雪；彩虹妆道，柳风拂面。“人在画中跑”，这样的宣传口号实在是让人无法不动心。

在中长跑时，由于氧气的供应落后于身体的需要，当跑到一定距离时，呼吸节奏被破坏，会出现胸部发闷、呼吸困难、四肢无力、难以为继的感受。这种跑步最累的时候叫作运动极点，是跑步爱好者必过的一关。对付极点只有一种方法，那就是坚持。一旦挺过去，就会进入一段很长的轻松期。如果跑步距离过长，之后还会出现若干极点。对所有极点的处理方式都一样，坚持就行。

极点，是跑步项目中最危险的时候，也许意志的崩溃就在这一瞬间。因为它会一再挑战参与者的生理和心理的承受底线，如果实在忍受不了而选择放弃，那就意味着跑步这件事情的终结。半途而废，是所有参跑者最难以接受的。

极点并非跑步的专利，在其他领域也会出现。

长途开高速的时候，特别是中午，会有一个极度疲乏的阶段，眼皮控制不住地往下沉。此时最好的解决办法，就是开到服务区小憩片刻，换一换节奏。如果没有这个条件，那就想尽一切办法让自己保持清醒，不用坚持多久，困意就会过去，回到精神抖擞状态。

学习一项技术，也会有一个时段特别难，感觉学到的全是一些片断，无法融会贯通，技术怎么都不能掌握。在这极度困难期，仍然坚持反复练习者，则大多会跨入顿悟的门槛。等熟悉之后再回过头看看，发现好像也没那么难，不知当初为何会在那个点位卡那么久。

每个人过一段时间，也会出现若干自我怀疑的时候。怀疑自己的眼光，怀疑自己的能力，怀疑自己的命运，甚至怀疑自己存在的意义。这个极点长短因人而异，有的一小会儿，有的好几天，有的可能更长些。一个人最难与之达成和解的，正是自己。而当终于度过了最难熬的部分，就迎来“轻舟已过万重山”的释怀，有时还会出现重获新生的感觉。

极点，就是至暗时刻！这是最大的危机。

波浪式前行，是事物发展的规律，是阴阳转换在时间轴上的轨迹。有波峰，就有波谷。极点位于波谷的最底端，经常能够击穿一个人的耐受极限。如何才能成功度过极点危机呢？怎样才会有信心继续坚持呢？答案就在极点所处的位置。“万物负阴而抱阳”，阴极则定然阳生，此乃天道。至暗时刻，也就意味着黎明之前。只要以逆境向阳之心，不弃当下之事，等待转换的发生就可以了。正如英国诗人雪莱《西风颂》里的那句名言：“如果冬天来了，春天还会远吗？”

最大的危机，也是最大的转机。问题本身，就是答案，这是多么玄妙的事情！

极点的出现，正是表明转折已经在来的路上，不妨再给它一点时间。

门岗凛然

如果说，现在还有“一夫当关，万夫莫开”之地，那门岗怎么都得算是一个。

门岗凸显地势之要。无论是居民小区还是单位，门岗都是车来人往的必经之地。在《孙子兵法》中，此为“六形”之一的隘形，即道路狭隘而队伍展不开的地区。无论往来有多少人马，在隘形之下，都得逐次而过。隘形的最大功能，是将作用对象序化，让对方不得不按照你的规则来行事。这也是一种局部放大功能，据隘形而审，则各色人等均难以遁逸。序化是管理的重点，也是管理的难点。门岗是通过空间设计，来构建隘形。管理是通过流程设计，来构建隘形。要想充分发挥隘形的作用，守卫一岗要安排最负责的人才行。

门岗凸显权力之要。让谁进不让谁进，门岗说了算，这就是权力的核心之一——许可权。门岗的通行许可，与经营许可、生产许可、商标许可、专利许可、行政许可等一样，都是一种权力。有权力，就有制约，这是一对平衡。对于门岗权力，也有各种监督。如民众监督，大家如果对其不满，会现场爆发冲突或进行投诉；巡察监督，上级管理部门会时不时派人过来，查台账，看现场，听反映；设备监督，每个门岗都有

必要的监控设施，既是为了取证方便，也是为了监察行权。读车牌、刷人脸，现在的门禁科技，大大稀释了门岗的权力，门岗的重点开始向服务转移。流程的优化和科技的发展，会逐步将权力变得简易和透明。

门岗凸显平等之要。在小区门岗的眼里，只有一辆辆的车，而没有车上坐的人。在有些特殊单位门岗的眼里，想要进门必须预约，并且还要内部的人前来带人才会放行，谁都一样。他们只认制度，不认人情。他们有怀疑一切的警觉，是单位安全的第一道防线。这些单位的门岗一般只认直属上级，其他单位的领导，在他们眼里也只是张三李四。当某项核心要素处于唯一位置时，其后诸项皆列第二，诸项之间也不用去论孰轻孰重，只要不是核心项，则基本没有什么区别。

门岗凸显素质之要。门岗是其所属单位的一部分，有的甚至可当作门面。门卫的精气神，是这个单位给人的第一印象。没有人去问此人是不是服务外包，人家只知道，这是该单位选的人，至少代表了单位的眼光。单位是一个多人组成的结构体，对外是以整体形式展现。结构体中的所有成员，只有分工不同，没有尊卑之别。除了岗内职责之外，有些门岗还兼具上访接待、服务引导、沟通协调等功能。

门岗凛然，是职责，是服务，是管理，是人缘，也是历练。

如入兰室

兰花或梅花开时，有一种淡雅之香，若有若无：当人从附近路过时，会觉得一阵香气扑鼻；然而在旁边站立一段时间，又会感觉香气仿佛并不存在。这正是古语所云："与善人居，如入芝兰之室，久而不闻其香，即与之化矣。"

久入兰室，为何香在而不闻呢？

人有六觉：视觉、听觉、嗅觉、味觉、触觉、心觉。前五觉是当下的实际反馈，心觉即下意识，由之前的五觉积累而引起。所有人，都是通过六觉来感知这个世界。变化，是世界的本质属性，无处不在，无时不在。对于这一点的理解，不仅表达在思维应对里，也体现在机体与外界的交流过程中。具体来说，就是机体对差异性最为敏感。

万绿丛中一点红，红是差异，所以成为视觉的焦点。如果是红满枝头一叶绿呢？那此时绿才是差异，一叶绿色反而更容易被视觉捕捉。同样，听觉也是。万籁俱寂时，稍有声响就能引起警惕；在一片弦乐声中，笛子的加入会顿显突兀。当然，触觉也一样。闭目手拂桌面，若有凹凸不平之处，会立即知晓。在一片乱石中走路，遇到哪怕一小块平地，都会感受深刻。味觉呢？食物中若有一小块盐未能完全融化，一旦

吃到，则会立刻有所反应。一段时间吃下来，最好能换换口味，即使简单的浓换淡或淡换浓，都可能成为美味佳肴。

差异性，与变化密切相关。刚入兰室，香气从无到有，变化产生，为六觉所察知。久处兰室，香气虽然一直都在，但并无太大变化，所以无所觉察。古人云：“习以为常，则见怪不怪。”何为怪？怪乃与常不同者，即变化是也。怪与常的不同，关键不在于原来的性状，而是比对的差异。鹤立鸡群是怪，鸡在鹤群也是怪。怪若常见，则会以怪为常，所以就见怪不怪了。

转换界点对于人的影响，被广泛应用于日常之中。在营销时，想要主卖的产品，最好得有不同的背景作为参照。在相声界里，包袱响不响，得看前面的那些铺垫质量如何。还有升米养恩斗米养仇，任何时候努力都不晚，痛苦来源于比较，会哭的孩子有奶吃，浪子回头金不换，失去后才知道珍惜，这一切说法的基点，都在于变化的产生。

常见反而常不见，是一种普遍现象。因为未到转换界点，没有变化的可能，故而被六觉所忽略。由于精力和时间的有限性，人们对于事物发展中处于常规区间内的部分，一般不会关注；而对于逸出的部分，因为担心变化，反倒会立即介入处理。如同工业上的自动控制，特别关注刀具行进中的异常行为，因为这是产生次品的开始，已经到了次品无中生有的转换界点。

一切都在变化之中，而一切又皆因变化而起。界点可察，是无有之间的转换示警。是故，若要得品雅香，当在初入兰室之时。

能量存释

存储和释放，是能量交换的两大关键。

当前，常见的能量存储载体是电池。电池的出现，给生活带来极大便利，让设备的移动使用成为可能，并不起眼的一小块就能维持很久。科技进步的标志之一，就是能源的便携性和高效能。所以现在的电池，体积越来越小，能量越来越大，寿命越来越长，形态越来越多。电池的革命，是很多技术创新的基础。很难想象，如果机器人身上的电池只能使用一时半刻，或体积比身体还大，那将会是什么样的？

世界时时刻刻在进行能量交换，或存储，或释放。这是物理世界的定律。人也是一样。人体要消化吸收碳水化合物、脂肪和蛋白质等物质，这些物质在细胞内经过一系列代谢反应可以释放能量。脂肪过多而发胖，就是因为能量出现了储存过剩的情况。

物理世界的能量以物质形态存储。那非物理世界呢？思维的能量存释是怎样的呢？

图书等一切文明的载体，就是思维的能量电池。知识、技术、艺术、理论、思想，都是能量的形式，不仅在思维世界交换，也经由物理世界生成，并向物理世界释放。思维的交流，就是能量的交流。知识的

力量，是最强大的力量。思想的武装，是最厉害的武装。这里面蕴含着巨大的变革之威。一个认识就能转换人生的行进轨迹，一项技术就能改变人们的生活方式，一种思想就能重建世界的发展格局。

思维的蓄能，与物理世界并不一样，它没有上限，这是最大的优势。这种无限性，对于个体来说就是终身学习、不断思考。思维能量的连续存储，能够让主体发生迭代，这就是个人的成长。随着修为的不断加深，人的一生会有无数从量变到质变的过程，能进入若干“今既非故，我已非我”之境界。个体思维的能量释放，在物理世界的层面就是不断地变革和发展。无限存储，无限释放，未来也就无限可期。

正能量，负能量，是能量在社会语境下的不同分类。常说“良言一句三冬暖，恶语伤人六月寒”，正反能量的传递，都能给施予对象带来深刻的影响，这是由于能量的链式传递特性。核能威力巨大，就在于链式反应，让最初的中子撞击变化，出现了一传十、十传百的连环放大效应。良言恶语，就是外界传递过来的正反能量。很多人，听一句恭维话会沾沾自喜好多天，听一句辱骂话会郁郁寡欢小半年。这就是因为没有在思维架构中设立隔离屏障，让它产生了链式反应。还有人不仅思维没有屏障，行为也不设阻隔，会将这股能量向物理世界释放，产生过激的言语和行为。成长的开放性，会造成每天都有无数个正反能量的“中子”撞击而来，这是无法避免的，关键是，你会让它反应多久。

思维的能量大小，决定了每个人的能级高低。能量传递的反应形式，导致需要设立屏障来隔离。而源源不断向其他思维世界和物理世界释放正向能量，正是思维能量无限存储的根本意义。

存储是有，释放是无。正能是阳，负能是阴。传递是续，阻隔是断。有无互生，阴阳相异，断续有法，这不就是道吗？

年少有知

家有小儿，最头疼的大概就是监护人了。

孩子幼年有个显著的特点，就是在他们专心做某项事情的时候，会忽略其他方面。吃饭时，只关注饭菜。衣服是否弄脏，米粒是否掉落，汤汁是否滴洒，都不在他们的视线之内。走路时，容易被某物吸引。路上是否平整，周边是否过车，此物是否安全，也不是他们的关心范围。视野局限，是孩子与父母之间矛盾爆发的集中点。怒火中烧的父母开场白一般是：那什么什么，你看不见吗？

是的，他们还真的看不见！

因为成长的过程，就是世界叠加的过程。在他们那个年纪，眼里只有一个他们关注的世界，他们无比享受并沉浸其中。除此之外的一切，皆与他们无关。

孩子在意的是事物的本身，父母在意的是事物的关联。当孩子专心吃饭时，他们只思考一件事情，就是如何把美食送到自己的嘴里。而在这一过程中引发的一系列关联事件，他们是不会考虑的。即便食物掉落，他们也会捡起来继续吃。他们不会关心食品卫生，不会关心污衣脏手，不会关心营养均衡。因为这些事情，全在“食物入嘴”这个世界之

智平

外。而父母在他们吃饭时，则会考虑到方方面面。在行走路上，若有皮球掉落，往往会给孩子带来极大的风险，因为他们会立即跑过去捡。此刻孩子的眼里只有皮球。至于是否在马路中间，是否在水塘旁边，是否在坑洞附近，对他们来说无所谓。每逢此时，反而旁边的大人会立刻察觉到巨大的风险，十有八九会立即用言行制止。

随着年龄的增长，他们会渐渐了解事件的联系属性，明白这世上并没有独立存在的事物，总是和周边有些关联。于是，吃饭时会小心翼翼，过马路会小心谨慎。孩子一开始的行为纠正，只是单纯因为害怕责罚，而与引起责罚的事件无关。后来的行为日趋规范，才是由于担心事件的风险本身。家长早期所有对孩子的责罚，都是一种中间过渡，是在孩子与真实风险之间立起的一道屏障。孩子长大后，看见了屏障外的世界，责罚自然而然就没有继续存在的必要了。

世界的叠加，就是思维的建构。从一件事情上想到的可能性越多，思维就越发散；对其中的关联性了解得越清晰，思维就越缜密。如果再能对事件所处的时空结构有所洞察，那思维就更加通透了。知识、技能、艺术、哲理等，每一层的融合，都能让思维丰富。努力、挫折、成就、感悟等，每一步的经历，都能让思维更具境界。与人的身体机能中年过后终将衰退不同，人的思维可以随着年龄的增长进无止境。

成人的思维是凸镜思维，关注点具有发散性。孩子的思维是凹镜思维，注意力具有汇聚性。认知世界的扩张，最大的优势是未来的无限可能，最大的陷阱也是无限可能。因为无限可能，所以不会在某一个方面驻留过久，导致无法深入。这就是一枚硬币的正反面。如同孩子一样，最大的劣势是对外界充耳不闻，最大的优点也是对外界充耳不闻。因为充耳不闻，所以会长时间关注于某一项事情，一定要搞懂弄透才肯罢休。

如果将发散性和汇聚性相结合呢？发散思考，聚焦突破，这不正是成事之道吗？

像大人一样思考，像孩子一样专注。

在某个领域、在某件事情上如果能够一直持续深入，将发散思考的能量聚于一点，则诸事可成。这就如同先将更多的阳光散发出去，然后将它们集聚在一起，焦点位置会获得极强的能量，点到哪里就能燃到哪里。

常说成年人最可贵的是保持一颗童心。童心究竟贵在哪？贵在永远好奇，贵在无比专注，贵在满是乐趣。少年之心，千金不换，切莫让其流失在岁月里。

数学至理

数学，是这个世界的底层架构。在它不可胜计的众多概念里，包含着无数的规律。

变量：常量与变量，是数学中反映事物量的一对概念。常量也称常数，恒定不可变。变量则指没有固定值，可以改变的数。变量又分自变量和因变量，能够影响其他变量的一个变量叫自变量，被影响的那个叫因变量。前者是后者的原因，后者是前者的结果。在数学里，任何一个系统或模型，都是由各种变量构成的，整个社会也可以作为一个系统来研究。变化，是这个物理世界的本质属性。一切都在变，然后这样的变化，又引起了其他相关的一系列变化。有因必有果，这个果也必然是新的因，“蝴蝶效应”就是表达了这样的原理。一切人、事、物，乃至宇宙万法，其所形成，必有由前因到后果的流程。

求和：把几个数加起来的运算，就是求和。求和的前提，是确定数的范围。不同的范围，结果当然不一样。如果将这几个数看成一个团队，那求和就是团队力量的集成。求和中的数，是存在着方向的。在求和公式里，所有正数相加，值最大。如果其中有负数，那加上其值，反而会让最后得出的结果变小。并且这个负数的绝对值越大，对结果的反

$$e^{i\pi}+1=0$$

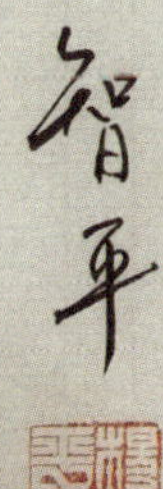

作用越明显。比能力更重要的，是方向。只有方向正确，能力才能对事业起到促进作用，否则定然会成为事业发展的阻碍。

约数：每个整数，都可以是某个或某些数放大若干整数倍而成，这个放大的基数就是约数。几个数公有的约数，叫公约数。其中最大的一个，叫最大公约数。公约数，是这些不同数之间的相似点。在哲学层面，就是其共同的价值底层。求同存异，是人与人之间、团队与团队之间，甚至社会各方之间的合作模式。人总是相异的，也总有共同点。在共同点的基础上搭建起合作，当然更为牢靠一些。共同点也是沟通交流的桥梁，桥梁若成，则可以有更多的信息、资源流通。这也是为什么陌生人首次见面寒暄，会问一问是否老乡，是否有某个共同的经历，或者是否都认识某个人。

无解：在方程中，会出现无解的情况，即没有任何一个数，满足方程的要求。在数学里，无解也是解的一种。无解也是解，这是一个重要的理念。不是什么事情最终都有答案，努力也不是一定都有结果，行善也不是非得有回报。将过程和结果进行分设，是人生的大智慧之一。很多痛苦，源于期望的落差。而期望，大多是基于现状的推演。已知当下如何，如果保持同等甚至更优的状态，未来就一定会更好吗？当然不是。再高的起点，再好的路径，并不一定就能达到想要的结果，因为中途变数太多，可知的只是极小的一部分。这些未知因素，一旦超越了你能理解的时空维度，就能造成你对结果的困惑。如何解惑？重经历，轻结果。人生诸般事，只要你用心去解，并且接受无解也是解，那将是何等的释然！

循环：数字如果规律性地重复出现，那就构成了循环。循环具有周期性，相同的一个数字或几个数字，会在一段间隔后反复出现。间隔有长有短，短的甚至可以看不到间隔。重复性和周期性，是循环的两大特点。周而复始，是世界运行的规律。日出月落，四季更替；三十年河东，三十年河西；合久必分，分久必合；经济运行的各种涨跌，社会组

织的各种聚散。很多时候，我们看不见循环的存在，并非没有重复，而是周期太长了，长到我们无法看见。或者，我们自己都只是某个循环的一部分，“只缘身在此山中”。

集合：几个具有相同属性的数，构成一个集合。同样一个数，也可以因为划分方式的不同，而处在不同的集合里。数本身没有变，因为归类法变了，所以具有了不同的身份。集合，是结构的概念。物以类聚，人以群分。每个人，也处在不同的集合里。既享受着集合的便利，又被集合所束缚。这也是利弊之间的均衡。将某一个集合，当作集合的全部，是人们容易进入的误区。比如放大专业的集合，认为自己是理工科出身，所以文科就不去涉及；或者放大单位的集合，认为自己一辈子都是单位的人，对单位的赋能过于依赖。要知道，集合只是一个区分方法，主体才是最为关键之所在。

取整：在计算得出某个结论时，有时可以将答案值取整，小数部分忽略不计，结果也算正确。取整，是典型的主体矛盾处理方式。抓住最为核心的部分，其他方面一概不计，或纳入容错区间之中。只计主体，不较枝节，在很多事务的处理中能够化繁为简，甚至绝处求生。取整，得到的是一个近似值，当然不够精确，不够完美，但够用就行。足够精准无缺，就是完美主义者的痛苦根源。因为世界的多维性，即便有完美，那也是“片面的完美”。而片面，本身就是不完美的含义。待人、接物、行事，如果借鉴取整之法，则可以让心情轻松太多。否则，一个人最难达成和解的，可能就是自己。

坐标：任意一个点，在空间里都有各自的坐标。在三维坐标系里，左右、前后、上下三个定位给出后，就限定了这个点的位置。唯一性，就是坐标的功能。有时在地面上只用到了简化的二维坐标体系，仅靠经度和纬度的确定，就能为事物定位提供最为便捷的可能。我们每个人都有自己的位置，空间位置最容易得出。超越空间的维度呢？比如社会维度中位置的确定，历史维度中位置的确定，坐标点该如何给出？由谁来给，标准是什么，是否会变化，个体在其中能起到什么样的作用，当下应该如何去做？这些都是值得深入思考的问题。

极限：当某一个变量，在永远变化的过程中，逐渐向某一个确定的数值不断逼近时，这个数值就是极限。极限，是用无限逼近的方式，用有限去探求无限、认识无限的过程。数学认为，无限逼近，就是相等。极限，就是数学中的阴极则阳。无限是量变的区间，当量变到一定程度，就会有质变的产生，此时会有一个有限的量与之等同。有限的延展，即为无限；无限的尽头，即是有限。这是一个多么美妙的哲学对称。有，至极则无；无，至极则有。有也是无，无也是有。这不就是道吗？水滴石穿，绳锯木断，跬步千里，乃至成功学上的一万小时定律，其中都蕴含着极限转换的思想。

函数：函数是以某个元素为核心，构建成一套运行规则，之后的所有，都是根据其变化而变化。描述和预测，是函数的两大功能。数学，来源于生活，是对自然科学规律、社会活动规律的研究。函数是某个规律在数学上的表达。无论是简单的日常事件，还是复杂的社会运行，理论上都可以用函数来构建模型。数学建模，是数学对研究对象的归纳总结和发展指导。只要函数足够科学，就能足够精准地预测未来。明确初始特点，知晓运行规则，就会对时间轴上的下个片段，有一个大差不离的认识。这不就是先知的神奇吗？

科学的基础是数学，数学的背后是哲学。万象归数，数可至理，这就是研究的意义。

新旧之鞋

新鞋好，还是旧鞋好？

一双鞋刚从鞋盒中取出时，是其颜值最高的时候。特别是一些做工考究的运动鞋，感觉已经到了艺术品的境地。配色像是出自古代某位高明的漆匠，白则一尘不染，黑则暗如子夜，彩则万花眩目，无论是片层还是点缀，都是恰到好处。鞋带在每一个鞋孔里自由穿梭，感觉所有的走位都随意而自然，其中蕴藏的力量，又仿佛可以将两片破碎的过往连接在一起。鞋底的花纹集功能和展示于一身，每一步下去，都能成为独特的印记。

新鞋，在颜值上当然有无可比拟的优势。

然而，鞋毕竟不是用来看的，而是用来穿的。新鞋最大的问题，就是磨脚。很多新鞋首次上脚，会让人感觉特别不适。尺寸、宽窄、软硬、压舌、跟脚、平滑，怎么都找不到感觉。新鞋上脚后，穿两天丢一边的，大有人在。磨合，就是你原有的习惯和鞋子当下的状态，没有完全匹配的缘故。

新鞋穿上几天，颜值会有明显的下降。如果再遇到雨天泥泞，面目全非都有可能。然而，颜值耗损的缺憾，会有舒适度来弥补。新鞋穿到

一定程度，感觉不到鞋子存在时，往往就是最贴合的时候。既在，又不在。这样的状态就是融合，就是人鞋合一的感觉。

你是你，我是我，这是相遇。既是你，又是我，这是相融。

任何一个长途跋涉的人，任何一个登高挑战的人，任何一个竞技争位的人，都不会穿着新鞋去。颜值是给别人看的，鞋子合不合脚，只有自己知道。没有人会用新鞋来给自己的重要时刻保驾护航。

新鞋哪怕不穿，也会变成旧鞋，所有鞋子都难逃这样的宿命。这是时光的磨砺，也是岁月的馈赠。谁说沧桑不可以也是一种荣耀？谁说破损不可以也是一种洗礼？

所有旅人都深有感触，比遥远路途更让人崩溃的，是鞋里的一粒沙子。沙子的存在，最糟糕的地方，在于破坏了融合感。本来是互为一体，因为沙子，变成了三个部分：脚是脚，鞋是鞋，中间还隔着一粒沙。沙子对旅程的影响，是十分致命的。任由其破坏，沙子很有可能成为旅行的终结者。当然没有旅人会这么做，于是必须将所有的诗与远方先放一放，及时清除沙子才是当下第一要务。

鞋子是穿在脚上的“铠甲”，其最大的作用，是个人自由度的扩张。一双合适的鞋子，荆棘、戈壁、溪流，哪里都能去。如若心在天涯，谁又能离得开鞋子这最好的伙伴？

什么是最好的伙伴？前途再多坎坷，也会誓死相随！

烹饪有器

烹饪食物，常见的是用各式各样的锅，来完成这个极具艺术性的创举。

烹饪的过程，站在锅的视角，就是吸收能量，再散发能量的过程。锅的使命，不是储存能量，也不是消耗能量，而是通过这一入一出，完成能量的集聚和发散。评判一个锅的好坏，导热性当然是一个硬指标。烧了半天不热，不是炒锅的优势；离开火源即冷，也并非砂锅的特长。传递能量，是一口锅所有的价值核心。

交流，是能量传递的一种方式，就是既吸收能量，又散发能量。能量的意义，就在于这样一个过程。即便是储能的电池，也是为了将来某一时刻的尽情释放而存在着。

每个人都是一个独立的能量体。生、长、衰、亡，构成了每个生命的全过程。既然来自虚无，终究回归虚无，那人生因何而在呢？超越物理层级，从能量交流的角度来思考生命，会发现生命的意义，就在于对这个世界的感悟和回报。

感悟，是能量流入的过程。

过往所有的经历，遇见、曲折、荣耀、屈辱，都是人生感悟的一部分，沉淀在你的内心，转化为成长的滋养。人生百年，身体机能会在二十五至三十岁后，一路向下跌落，最终趋零。然而精神的成长，却可以一路上扬，甚至在生命终结后继续在世间流转。什么叫长生不老，难道是身体的健壮吗？真正长生不老的，是使命的传承、精神的传承、能量的传承。我们每个人，都是历史长河里的一个节点。如果你眼里无光，那和你所有相连的其他节点，都会立刻感受到这一份暗淡。但如果你正能量满满呢？对于我们个体来说，正能量的核心，就是顺境守正，逆境向阳。

回报，是能量流出的过程。

有没有思考过，我们以什么来回馈这个社会？我们的个体能量，究竟是以什么形式向这个世界散发呢？为生活不方便的群众修条路、通个电，算不算？给困难家庭送一袋米、一桶油，算不算？陪孤独老人坐一坐、聊一聊，算不算？当然都算，哪怕是给陌生人的一个微笑，也算。你的这股向阳能量，一旦向社会散发，它会自己流转。这股正能量，大家叫它“善意”。无论是个体还是集体，对于“善意”的理解程度，决定了其今后能够达到的高度。从老子的“上善若水”，到孔子的“水有九德”；从范仲淹的“先天下之忧而忧，后天下之乐而乐”，到郑板桥的“一枝一叶总关情”；从孙中山的“天下为公”，到中国共产党的“全心全意为人民服务”。上下五千年，就是“善意”传递的五千年。

生命的起点，从什么时候计算？是第一次呼吸，第一次心跳吗？是有“我”这个认识后，开始探知这个世界吗？是知道我的角色后，开始服务这个社会吗？还是知道了我的使命后，重启不一样的人生呢？

第一次心脏跳动，叫机能觉醒。受精卵在细胞的无数次裂变下，终于有了质的飞跃，这一团血肉开始有了生命。第一次探知世界，叫个体觉醒。自我有了边界，“我”开始成为自己世界的主人，于是有了我的饭碗、我的课本、我的朋友、我的未来。第一次服务他人，叫社会觉

醒。明白了自己是社会的一部分，除了自我外，还有其他的角色；明白了自己从事的工作，是社会大分工的一部分；明白了自己总是隶属于某集体，开始有了责任，有了担当。第一次知晓意义，叫使命觉醒。知道人生百年为何而来，知道伟大事业的节点。

只有使命觉醒，才算真正打开了慧眼。以使命为线，才能将此前所有人生历练中形成的各式珍珠，串起能够刻上自己名字的精美项链。从此，世界必将不同。使命觉醒后，你会知道读过的每一本书、遇到的每一个人、爬过的每一座山、吃过的每一份苦到底是为何，知道为什么你的人生会是这样的安排。为了使命，你会开始定向积累，各种散落的能量开始有了方向。所有的困难，将变成精心包装的礼物，在拆开礼物的过程中你会变得更加强大。人生人生，知何为“人”，才算有“生”。为什么做公益、利他，是所有杰出人物的共同归属？因为这就是一群使命觉醒的人。

每个人都是能量的节点，因感悟而能量流入，因回报而能量流出。既成己，又利他，这就是一个人的百年尘事。

浊水徐清

在奔腾的河流中舀一勺浑浊的水，静置罐中一段时间后，浊水会逐渐分层，各种杂质或下沉或上浮，水的主体部分会变得清澈透明。老子将这种现象写入了《道德经》：“孰能浊以止？静之徐清。”此句和“孰能安以久？动之徐生”一起，成为函谷关前五千言的精华所在。

在中国的农村，也有很多地方采用静置的方式来处理饮用水，只不过会在水缸中加入明矾，使得净化过程更为快速和彻底一些。在现代城市的水厂，也有净化池的设计，使用净水剂静放一段时间，成为制水的规定流程。

浊水，为何静之可清？

物以类聚。多维世界，万物既可异，也可同，关键在于区分方式。每一种物质，都不是只有单一的属性，在维度解析下会有十分复杂的呈现。比如石子、铁棒和铜珠。用磁铁来区分，铁棒可吸附，其他无反应，据此可分成两类，石子和铜珠归为一类。用放大镜观察，石子的边界纷乱错杂，其他两个边界圆滑规整，据此而分，铁棒和铜珠当为一类。如用榔头敲击，石子易碎，其他无损，也是一分。历经岁月，铜、铁易锈，石却无恙，又是一分。若置于水中呢？所有皆沉，又能将三者归为

同一类。物并没有变，区分方式变了，结果就会不一样。水中杂质，静置若久，会因各自重量属性而加以区分，或沉或浮，而水自成一类。静之可清，是水和杂质，各自的类聚。

自序趋衡。平衡，是天地间的法则。不同的状态之下，平衡的方式自然不同。动是一种平衡，静也是一种平衡。浊是一种平衡，清也是一种平衡。当水在江河，是以变化来适应变化。沿途各种地貌的影响，各种力量的介入，各种元素的融合，使得水只能以奔涌之势，达到一种平衡。浊，是杂质中所蕴含的力量的表达形式。在东行入海的使命召唤下，在所向披靡的巨大势能中，任谁都是激情澎湃。而静置之时，已无入海大任，于是自我特质得以彰显，清清浊浊，浮浮沉沉。浊水，是东向的组合，这是他序的结果。清水，是个性的分离，这是自序的趋衡。前者是任务的常态，后者是闲暇的常态。以态适势，皆善皆美。

无为即为。静之徐清，既是无为而治，也是有为处之，不同的是空间和时间的域别。水在江河，无为则浊。水在鼎罐，无为则清。从江河舀入鼎罐，进行区位重置，就是将水进行空间变换的过程。长久静之，是在特定空间下的时间加持。改变原有样式，赋予空间变化，赋予时间相继，这难道不是“有为”吗？在这有为处之的前提下，静之不理，才能以“无为”而使得浊水自序而清。“无为”的效能，是以“有为”作为条件。“有为”的目标，是通过“无为”而得以实现。江河与鼎罐、前涌与后静，在这更大的时空结构中相观，无为也即有为，两者相成不悖。道之奥义，何等玄妙！

水有百态，或动或静，或浊或清。当逝者如斯，立浊。当静而处之，徐清。当清水扰动，复浊。若能以水入道，则万法皆明矣。

摇来摇去

很多公园、商场、社区，会为小朋友专门设置一些摇摇车。投入一两个硬币，它就会摇上好一会儿。在前前后后的晃动中，常配有儿童歌曲。其中最经典的曲目，要数《家庭称呼歌》：

> 爸爸的爸爸叫什么？爸爸的爸爸叫爷爷。
> 爸爸的妈妈叫什么？爸爸的妈妈叫奶奶。
> 妈妈的爸爸叫什么？妈妈的爸爸叫外公。
> 妈妈的妈妈叫什么？妈妈的妈妈叫外婆。
> …………

一首歌“摇”下来，家庭关系也基本明白了。

在这些歌词里的每一句中，都省略了“我”。完整表述应为：“我爸爸的爸爸，我该叫什么？”“我妈妈的妈妈，我该叫什么？”整首歌，都是以“我”为中心，构建起了家庭成员关系。所有的称呼，都是从“我”的立场，来确定合适的叫法。“我”，就是这首歌的关键所在。

我们成长到一定阶段，会逐渐明白“我”这个概念。于是常说：这是我的书，这是我的饼干，这是我的房子，这是我的朋友，这是我的学校。在人生的若干觉醒中，这些都属于“自我觉醒”的范畴，位于机能觉醒、自我觉醒、社会觉醒、使命觉醒“四大觉醒”的第二阶段。

那什么是“我”呢？

“我”，是结构的分区。结构，是物质世界的重要属性。一切物质，都因为划分方法的不同，而处于各种结构之中。如同一片叶子，在某一枝头，枝又在树上。树再往上，就是森林。而叶子，又是由叶片等组成，叶片又包含了叶肉。叶肉再往下，就是细胞。什么是叶子？只是某一种特定的结构而已。结构，是空间时序的表述形式，因空间的不同而不同，因时间的变化而变化。“我”，是一个生物的个体，体内既有三四十万亿个细胞，时刻都在更新，也是社会普通的一分子，职岗长久在任。是伟大，还是渺小，关键看是以何种结构来评判。可以无足轻重，也能不可或缺。

“我”，是能量的流转。所有的物质运行，都可以从能量的角度相观。以“我”为中心，形成各种能量的流转。比如食物进入身体，可以转换成能量支持。一个人的体温，也时刻向周围散发着能量。现代科技用红外相机，可以捕捉到人体的热能成像。然而，一个人蕴含的能量，远不止热能一种。比如内心向上的能量，也能够被人所感知。还有改变个体身心的能量，改变组织命运的能量，甚至改变社会发展的能量。

“我”，是时空的节点。当一个人获得世间百年的存在时，那就成为当下时空的一个节点。节点的作用，在于连接。而“利他型”的节点，当然更具有开放性。因为“我”，无数的人相识，无数的事发生，直接的，间接的，可察觉的，不可察觉的，太多太多。世界，就是无数个节点的构成。每一个节点，都有意义，都很特殊，也都很关键。比节点的存在更为重要的，是节点的状态。物以类聚，人以群分。这就是同质属性的边界融合，也是“你若阳光，世界就会灿烂”的最好解释。

“我”，是行走的视角。我们每一个人，都是一个独立的世界。每一天的行走，每一天的遇见，都是由“我”这个主角来展开。生命是一段历程，路上的所有风景，都是以“我”的视角来记录。我的成就，我的荣耀，我的失败，我的痛苦。所有的一切，都叠加在这个“我”上。每个人都有自己的视角，这是全天下独一无二的专属定制。所以不用奢求真正的感同身受，也不要将自己的未来全部交由别人去作主。

“我”，是觉悟的舟楫。人的一生，机体经历只是一个表象，重要的是内心的锻造，后者才是一个人真正的财富。无论幸福，还是痛苦，都是上天精心安排的礼物，两者的不同之处，只是其外在的包装区别。苦乐同源，轮番呈展，纷扰不息，这正是历世之途，却也是砺心之意。读万卷书也好，行万里路也罢，若无思悟所得，则皆枉然。百年之舟，终有一弃，所得者何，所留者何？

无我即有我，唯我也非我。自己，是自己最大的力量；自己，是自己最大的束缚。一个人，最难的是认清自己。不妨在日常忙碌之中，停下来思问一下，“我”是谁，谁又是“我”？

春草自青

对于小草的咏叹，白居易的《赋得古原草送别》当属一绝。

离离原上草，一岁一枯荣。
野火烧不尽，春风吹又生。
远芳侵古道，晴翠接荒城。
又送王孙去，萋萋满别情。

到了春天，草木自然地萌发、生长，在诗人眼里却解读出了生命的顽强。于是漫山遍野最普通的弱小植物，成了坚强不屈、坚忍抗争的代表。

冬天历劫，春天重生，在大自然的节奏中轮回。应时、应势、应运，择机而动，过往不住，来去自如。“春来草自青”，是禅师对弟子“出身处”之问的回答，极具禅意，被收录在《五灯会元》一书中。

一年四季，春夏秋冬，温度变化落在时间轴上，是波的形态。盛夏是波峰，至阳；寒冬是波谷，极阴。春秋则是阴阳之间的转换过程。小草的一生，春生夏荣，秋衰冬败，就是在紧随这个波形变化往复切换，年年岁岁，岁岁年年。

季节是自然的律动，呈现出来就是草木的枯荣。

虽说这个世上，唯一不变的只有变化本身，但如何变化并非没有规律可循。世界是规律的呈现，也是不同维度规律的组合。对于规律的解析，需要站在四维甚至更高的层次来思考。以春秋为轴，冬夏不正是两极偏离吗？冬夏“偏离”，是以春秋为常态，因为春秋气温相似，在四季中占得半成。那冬夏为什么不能也是常态呢？阴阳相对，也可自成一体。参照物的不同，则结论有别，进而可得全新的规律见解，这就是维度魅力。世界的多维性，并不仅是对事物的理解。哪怕是事物背后的规律本身，也不是只有一个维度的答案。

一只知了，是无法发现小草枯荣往复的。阳光下的知了成虫，通常只有一两个月的生命，在它的眼里，处处都是草绿花红。在知了的世界里，晨雾的成散、日夜的更替，是可以总结的规律，小草的枯黄却不是。几乎没有一只知了，能够见到冬天枯败的小草。它们也理解不了，什么叫“春风吹又生”。别说与夏虫语冰不易，“语春”也是很难，这是因为生命周期的局限。

但是，不能认清规律的全部，并不妨碍知了对于局部规律的运用。在知了的基因里，只要知道如何在夏天的阳光里唱歌就可以了。秋冬草的枯败和春草的再生，与之无关。无忧即无虑，过好当下才是要务，年年知夏亦可。特定节点组成的规律，不也是规律的一种吗？

智慧生命则不一样。对于时空规律的深入认知，是一代又一代人的使命和传承。从四时更替、草木枯荣，到生命机理、能量转换，到行为模式、社会变迁，既道法自然，又顺应自然。时至，花开；时过，花谢。势得，繁盛；势失，式微。运在，功成；运去，败生。来来去去，无不合乎道。

春草自青，秋草当黄；在冬知夏，以夏思冬。这就是“反者道之动”的草木季节呈现。循环往复，周而复始，有无互生，相反相成。无论是天下的分合，还是组织的兴衰，或是个体的生灭，成之时也是失之始。在天地万物的运动变化中，其后皆是规律的流转。规是规则，空间范畴；律是律动，时间属性。分则各有域界，合则以道为名。

春来，自会春去；春去，也会春来。有来就有去，无去也无来。来处即去处，去方即来方。既然无所从来，亦无所从去，那不妨将心境定在无来无去间。

草青，欣然视之；草黄，怡然对之。七情出世，随缘不执。

第四编

独钓寒江

世人有多爱垂钓？

一蓑一笠一扁舟，一丈丝纶一寸钩。
一曲高歌一樽酒，一人独钓一江秋。

清代王士祯的短短几行字，将《秋江独钓图》中的秋钓之趣，欣欣然勾勒出画外。以钓赏景，因钓成景，颇有“境生于象外”之意。此为独钓。

唐代柳宗元雪中观景，本以为“千山鸟飞绝，万径人踪灭”，却得见“孤舟蓑笠翁，独钓寒江雪”。这样的反差，使得江中钓者成为远处观者的心中波澜。于是，万般孤寂中独守一份期待的执着，成为诗人“静中待动”的当下。此为寒钓。

“花底清歌春载酒，江边明月夜投竿。”宋代陆游在《闲中偶题》中，更是不同流俗，竟趁着月夜出去体验不一样的垂钓经历，并对如此顽劣不羁之事，以“痴顽直为多更事”一语释之。此为夜钓。

万千闲娱，独爱垂钓，看来是自古就有。

智平

川河之畔，溪流之侧，千百年来竿起竿落，钓的难道只是鱼吗？

钓的是孤独。江河滔滔，此岸唯我。个体的独立性和唯一性，决定了每个人都自成世界。无论经历过多少人来人往，无论遭遇过多少大起大落，你始终是自己世界的主角。角色的边界，是吾与彼区分的鸿沟。所以庄子与惠子在濠梁观鱼时才会有“子非鱼，安知鱼之乐”之说。子终非我，这个世上哪有真正的感同身受！不被理解，才是最正常不过的现象。是以，很多人会有“于人多之处最寂寞”的感慨。“举杯邀明月，对影成三人。”每一个灵魂，都需要一点独处的时间。孤独，是心灵的私语，是成长的驿站，是漂泊灵魂在人世间的安静驻留。

钓的是认可。融入自然，换维户外，在期待中颠覆既往认知。人生最大的挑战，是自我挑战。战胜每一个过往的自己，才能构成进步的台阶。独钓，战胜的是无人协助；寒钓，战胜的是环境严苛；夜钓，战胜的是未知风险。每一次战胜，都会将过往变成蝉蜕，新的羽翼就诞生在这一系列极其艰难的突破里。锋从砺出，这才是成长的本质。人无历练不致远。这样的历练，对于普通人来说往往不是那种惊天动地的变革，而是更多存在于每一天点点滴滴的琐事之中。

钓的是经历。真正喜好钓鱼的人，没有一个会把渔获作为付出是否值得的判断标准。蓝天白云，飞鸟水草，碧波树影，鱼漂浮沉，这些才是钓者的全部。至于鱼护中能有几条，那只是附加的机缘。甚至辛劳一天，最终将鱼全部放生者，也大有人在。经历的价值，就在于经历本身。然而对于袖手旁观者，则完全不同。“钓到了吗？”几乎是旁观者最大的疑问。钓者自成一界。界内的感悟和欣喜，那是钓者的心路历程，外人无从得知。界外的输出和比较，即渔获。这被钓者所忽略的部分，反而能够立即被他人视觉捕捉。因为界别存在，所以一个享受过程，一个关心结果。于是，两者对于得失的判断标准，有了根本的区别。一花一世界。你是否有所得，一定要根据别人的判断、依从别人的标准吗？垂钓的幸福，唯有持竿者一人可知。

钓的是未来。野钓之趣，就是永远不会知道，何鱼即将咬钩。不确定性，是“希望”的最大特点，也是其无与伦比的魅力所在。人生，就是一个不断从未知变成已知的过程。谜底揭开之前，一切皆有可能。谜底揭晓之后，只有唯一呈现。这就是“薛定谔的猫”的哲学意义。薛定谔的猫态是所有可能的共同存在，这样的量子叠加态在人生中也处处有所体现。“以非致非”，是世间普遍存在的法则。去了，不一定能钓到；不去，肯定钓不到。努力，不一定能成功；放弃，肯定会失败。由确定的“非”，到不确定的“是”，转折的关键在你，在于你的状态，在于你的选择。你的未来，正是由你的每一个当下来构建。

钓的是境界。河边执守一天，有竿和无竿的区别在哪？持竿钓者，内心充盈。同是临川而立，你我和圣人的区别在哪？圣人观水，可见九德。古之钓者，常意在功外。姜尚直钩钓于渭水，负命者上钩，逾古稀之年出将入相，成就周朝八百年基业；庄子钓于濮水，秉持贤达只辅圣主之意，婉拒楚威王相邀，宁可如神龟“曳尾于涂中”，也不愿死后被供奉；严子陵反穿羊裘坐钓桐庐江，这位光武帝刘秀的同窗好友，无功不肯受禄，奉守“承平之世加官晋爵自有条法，怎可凭谊枉受”，归隐于富春山水之间，遂成高义。

一丈青竿，立于天地。十尺丝线，横贯古今。独钓寒江，其意绝非寸钩所能全概。是故，风雪之中虽无一人，然吾往矣！

一览众山

岱宗夫如何？齐鲁青未了。
造化钟神秀，阴阳割昏晓。
荡胸生曾云，决眦入归鸟。
会当凌绝顶，一览众山小。

唐代大诗人杜甫的这一首《望岳》，气骨峥嵘，体势雄浑，让后出之作难以企及。

凌绝顶，是所有登山者梦寐以求的目标。为了登上一座巍峨险峻的山峰，人们常常需要精心准备，耗费大量的时间与精力。如果在攀登的过程中遇到特殊状况，不得不半途而返，那无疑是一件让人十分难受的事情。这种难受，远不止当时的无比沮丧。也许那未登之峰，从此横亘于心中，成为永久的遗憾。为何登顶与否会有如此巨大的差别？难道仅仅是因为不能“一览众山小”吗？

目标的设立、追逐和达成，意味着一件事情的始终。人的经历，背后是思维的经历；完整的事情，就会成为思维架构的重要“基石”。如果某件事情愿望极为宏大、经历极为艰险、成就极为显著，那么它必将

智平

成为一个人的精神源泉，可以永续不竭、滋养一生。修为高深者，或许能将这份精神力量内化于心；但对于定力稍差的人，这份精神力量或许会促使他们眉飞色舞甚至滔滔不绝。

思维既与事件同步，又会超越事件本身。在思维的国度里，事件会以思维结构的形态呈现。任何一件事，都只有整缺之别，而没有大小长短之分。只要是一个完整的结构，再微小的片段都可以极其宏伟，再短暂的片段都可以极其漫长。

这是为何？因为维度不同，法则相异。

“大小”是来自空间维度的衡量，“长短”是来自时间维度的衡量，而“整缺”是来自思想维度的衡量。思维的法则特异，当然会带来认知的革命。既然无大无小、无长无短，那么须弥能藏于芥子，微尘可容纳大千，万年亦一瞬、刹那即永恒。

结构形态呈现后，随之而来的就是思维以此为轨的流动。在完整的结构中，思维的流动是通畅的，而且速度无限，在一个结构内，可以瞬间产生无数回环。正因为结构的完整性对思维流动是如此重要，所以但凡是残缺的结构，就会引发思维梗阻。这也就解释了为什么话说一半特别难受，为什么存疑不释会让人一直琢磨，为什么久想不明会引发各种问题。

登山止于半途，付出没有回报，期待无法达成，行为难以理解……所有这些非完整的状态，在思维结构流动上都是未完成的，因而才会让人特别纠结。

思维的流动，存在着能量转换和维度解析现象。因此，即使是同样的事件，每次回忆起来，都可能是不一样的感觉，都可能会有新的发现。之所以会“温故而知新”，是因为任何一个事物，皆是能量的组合，皆是多维的展现。它与个体的内心感知程度呈正相关，与个体的思维解析能力呈正相关。

个人的成长，需要思维层级的提升。无论是意气风发、神采奕奕，还是举一反三、触类旁通，无一不是境界的馈赠。一个是能量，一个是能力，这些都对应了思维的能级，都是世人最为渴求的东西。

思维领域的登山，不一定非得去崇山峻岭，人生经历的每一件事情，都可以是一座山。对于完美主义者来说，“山顶”可能永远都无法到达；而对于随遇而安的人来说，停下来的地方也能当作“巅峰”。

在思维的国度里，“整”还是“缺”本就是基于个人的认定，所以才会有“知足常乐”的说法。须知，有太多焦虑的来源是思维结构的不完整，而不是事件本身的不完美。

其实每个人的心中，都有绵延不绝的山岭。一个人最难翻越的，往往不是陡峭的悬崖，而是思维的障碍。何时可以“一览众山小”，何时就能实现心灵的通达。

牌中往来

当今的扑克牌，有一种十分流行的打法，叫“掼蛋”。“掼蛋”已经出了专门的教程，有了正式的比赛。重要赛事有专门的实况转播和现场解说。

牌局流行的背后，是对其超越娱乐维度的认可。在哲学视角下，牌中往来，尽显智慧。

洗牌：上一轮所有的喜怒哀乐，都将在洗牌时结束。因为无论之前打得有多好，或者有多差，都过去了。新的当下已经开始，未来已在召唤。没必要在回不去的历史中沉浸过长的时间，重新上阵是最佳选择。赢了一轮，不代表能赢一局。输也是一样。洗牌，是为了打破原先的势力集结。牌洗得越认真，再分配时就越公平。

切牌：头家切牌，这是胜者的权力。切牌是决定所有人牌运的关键一步。主动权看似在头家手里，其实也不在他手里。或许他给自己也切出一手烂牌。任何关于手中之牌的抱怨，都是徒劳无益的。如何走好当下的每一步，才是正道之选。

摸牌：摸牌的感觉，要比发牌刺激很多。虽然最终抓在手里的牌就是那些，但摸牌是从未知到已知的渐进过程，既满怀期待，又忐忑不安。

“未来”的魅力，就在于这一步一步的呈现。摸牌时期待并不确定，心态随着一张张牌的增加而变化。有时，一开始最想要的牌，最后可能最多余。而最不想要的牌，也许能成为翻盘之匙。在摸牌中，个人的主观努力是排除在外的，所有能做的事，只有耐心等待。但只要谁摸错一张，各家的牌就会完全不一样。

算牌：只打好自己手中的牌，并不能成为高手。如何知道对方手里的牌，才是王者技能。洞若观火者，必然所向披靡。算牌只能根据其他人的出牌，一层层推演。所以说，在展示实力的时候，也是暴露自己的时候。适当地隐藏，往往能够带来意外的转机。

变化：无论打多久，从没有一模一样的两手牌。世界上没有完全相同的两片树叶，人也不可能两次踏进同一条河流。一切都在变化，世间所有的痛苦，都缘于此，所有的惊喜和快乐，往往也缘于此。决定是成长还是消亡的关键，在于变化的方向和应变的能力。

进贡：输家向赢家进贡一张最大的牌，是为上一轮输掉所付出的代价。进贡，在付出的同时，也有所得。也许对方回赐的一张牌，是手中急需的阵眼。输家有先行出牌权，世界是公平的，失去也是得到。“失之东隅，收之桑榆。”一对大王可以抗贡，无论是自己，还是友军，实力足够时才能得到尊严。平等，是要争取的，自己如果没有实力，那就想办法寻求外援。

组合：同一组牌，可以组成同花顺，可以拆成三带二。有时一个细小的组合变化，会改变整个牌局的输赢。最小的“2”，在同花顺里，也是很大。比实力更重要的，是看和谁在一起，怎么在一起。常有所谓垃圾牌，最终发现只是放错地方而已。没找到合适的位置，怎么可能成就最好的自己？

光环：打“2”时，“2”仅次于王；打“3”时，“2”又恢复到最小。再小的牌，一旦头戴光环，都会有无限的风光。但是这样的风光，并不是自己的能力，而是外在的赋能。当终有一日焦点转移，又会被打回原形。对于与自身实力不相符的荣耀，要保持足够的清醒。

同花：同样是五张牌，再大的炸弹，也大不过最小的同花顺。在同花顺里，每一张牌不论贵贱，皆平分荣誉。这种荣誉，来源于个体的不可或缺。

百搭：比大王还有价值的，是百搭。无论当下打几，其红桃是最受欢迎之牌。百搭可以变化为除王外的任意一张，常常能化腐朽为神奇。这样的超能力，源于百搭的融合本领，让百搭在任何团队里都能扮演最关键的角色。

实力：在强大的实力面前，技巧完全不值一提。再会打牌的，抓不到好牌也是白瞎。但若没有相应的技巧来匹配，实力也会被打折。一手好牌，打得稀碎的大有人在。而一副看似无力的牌，在高明的规划下，也能打得风生水起。

合作：打牌不能只顾自己出得畅快，要时时考虑伙伴的感受。配合，在牌局中有着无比的重要性。高手从不会一味急着让自己出完，他们会观察对家的表现，给予最好的支援。既然选择携手，自当风雨与共。

东风：伙伴的最后一手出牌，如果对手不要，那就可以借上东风。“好风凭借力，送我上青云。”伙伴的实力，也是自己的实力。在一个团队中，合作伙伴的实力增长，是十分值得庆幸的事。在牌局上，所有人都无比真诚地希望伙伴超过自己，都心甘情愿做为英雄鼓掌的人。这就是机制的力量。

要素：成功取决于四大要素，即牌运、对手、伙伴和自己。第一个不可捉摸，第二个不能依靠，第三个不全指望，剩下的只有自立自强。这是唯一可以靠自身的努力而获得的成长。锋从砺出！正是以无数的挫折与失败为基石，才堆砌成了牌技进步的阶梯。

击弱：一局下来，能否取得最终胜利，关键不在于实力最强的人，而在于最弱方。在打“A”时，台上的一方必须一人当头家且另一人不

能当输家，才算过关。对手常用的策略是放走一个，联合打弱的一方。

归零：三把“A”打不过，就得重新从“2”开始，之前所有的努力归零。在通关的极致诱惑之下，也隐藏着崩盘的巨大风险。机遇是个消耗品，从不会一直存在。

高手：越是会打牌的人，越不会有赌牌的行为。在高手的世界里，全是概率在运行。高手不是在打牌，而是在应用数学的规律，来指导出牌的实践。

局势：在一局中，常常可以感觉到气运的存在。甚至一方可以始终是好牌，一直保持到最终胜出。一局中，也会有转折点。比如抓得一手好牌但没能打好，比如不满对家的出牌而互相指责，这些往往都会成为牌运的转折点。困境互励，方可脱缚。逆境不屈，方能向阳。

牌中自有道，往来皆人生，不妨细细品味。

木雕万千

在众多的艺术门类里，雕刻无疑是古老的一个。

《荀子·劝学》中的传世名言“锲而舍之，朽木不折；锲而不舍，金石可镂”，在激励无数人一心向学的同时，也提到了木头、金属、玉石这三种雕刻材料。而木雕，因材质相对较软，入刀不难，成形更易，尤其受到古今艺术爱好者的青睐。

一件好的作品，与刀法的灵动、布局的巧妙、细节的刻画、境界的展现，密不可分。而这一切，都是以材质作为基础。

椴木、松木、杉木等，因木质疏松，容易上手，比较适合初学雕刻者，常用于造型结构简单、形象概括的作品。而黄杨木、紫檀木、花梨木等硬木，才是雕刻的上等材料。它们木质坚韧、纹理细密、色泽光亮，适合雕刻结构复杂、造型细密的艺术品，在制作和保存的过程中也不易断裂受损。唯一的缺点就是雕刻起来费工夫，易损伤雕刻刀具，对作者的技艺要求比较高。然而正是因为如此，在硬木上的精雕，才更具收藏价值。一个呈现在金丝楠木上的艺术作品，刀法立意暂且不论，仅凭木料本身就能够让人爱不释手。虽然对于雕刻来说，创造才是艺术的灵魂，但在什么材料上创造，还是有很大的区别。

一块木料与艺术结合，当然是“成材”的标志。再好的树木，也是长于深山无人知，一朝成品天下传。把玩观赏、列柜陈展、世人追捧、交流升值、至珍收藏，这就是木雕的“成材”之路。一件不可多得的传世精品，往往可以跨界而立，是无法用金钱来衡量的。可观、可玩、可用、可卖、可藏，这些都是“成材”的标志。而对于木雕的底座、收纳的匣盒、运输的木箱，其料虽也是木，却鲜有“成材”一说。其实细究下来，底座、匣盒、木箱，也是“成材”的表现，总有一些用途，只是与木雕相比，其“材”不显而已。而较于那些更为无用的木料来说，也已经是“材”气斐然了。

为什么非要用木雕的价值，去衡量木料的价值呢？

在木箱包装领域，硬木很少被采用。又贵又重又硬，既难批量，也难搬运，更难打钉，完全不适用，还不如松木或杉木。木雕中的上等材料，在包装界似乎一文不值。而松木、杉木，只是其价值不在雕刻界，换个领域，也是顶尖的存在，而且也会让其他领域的佼佼者黯然失色。每棵树木都有自己的王者领域，人也一样！如果自己一直处于所谓“不成材”境地，不妨反思一下，是不是当下的维度选择错了。而对于管理者来说，这就是其能否“慧眼独具”的考题，让张飞去绣花，毕竟太难为张飞了。

有用还是无用，是成材与否的判断标准。但成材对于树木来说，真的好吗？

“无用之用，方为大用。”是庄子在寓言中讲的一个道理。说的是一位匠人赴齐经过曲辕，看到一棵可造数船的巨树，但匠人无视。他的学生很奇怪。匠人解释说：“这是一棵疏脆无用的树，用来造船会沉，用来造棺材腐朽快，用来造器具很快被虫蛀，这是一棵不能用作木料的树，没有什么用处，所以才会这么长寿。”因其无用，而得长存。对于树木来说，“成材”意味着自然生命的失去。以“生”的维度灭失，而换来“用”的维度呈现。

“成材”，是人们基于自身发展，而对于树木有用与否的判断方式，这是典型的单维视角。若树木有灵，对于“成材”的评判标准，断非如此！如何能够达成一致？升维。要树“成材”，是人的视角；树不“成材”，是树的视角；共同发展，是高维的视角。站在比人类和树木更高的维度，则要取得伐植平衡，不能因为取材，而影响树种繁衍。而在单棵树木的层级，则取材只能是枝，不能是干。枝去能再生，干断则伤本。

单维视角，是因为维度局限。“我”或“我们”，很难跳出自身框架来反观自己。很多矛盾、冲突甚至战争，都是这个原因。很多合作、协同、联盟，也是这个原因。两个村子，可以为了争抢水资源而大打出手，也可以为挖一口深井而团结协作。对立还是协作，不在于发展目的，而在于实现路径。对于目标相同的矛盾纷争，路径的多元化可能会提供一个完美的解决方案。同维无解，升维可破。在更高的维度里，也许就能弥合所有的分歧。

木雕万千，择材各异。观之怡然，思之豁然。

棋道乾坤

千百年来，我国传下来两种思维博弈游戏：一种是围棋，另一种是象棋。

两者有相似之处。

每一局棋都是攻防之道。每个棋手，都可以选择进攻，也可以选择防守。“故兵以诈立，以利动，以分合为变者也。故其疾如风，其徐如林，侵掠如火，不动如山，难知如阴，动如雷震。”以攻代防，攻防相应，防守反击，《孙子兵法》中的诸多思想，在下棋时都可以得到很好的运用和检验。

每一局棋都是取舍之道。围棋有弃子战术，当几颗棋子逃生无望时，与其继续投入成不可挽回之局，不如及时舍弃谋他处再起之举。恰当的止损之法，能够成“失之东隅，收之桑榆”之效。象棋讲究丢卒保车。以相对轻微的某子损失，换取更大的利益保全。有时这样的取舍，还不完全是看棋子的战力，而是根据形势的需要。在输赢的关键时刻，也不排除丢车保卒之举。

每一局棋都是互易之道。围棋可以用地换势，也可以用势换地。地重要，还是势重要，并无定论，一切要看当下的具体形势方能决断。布

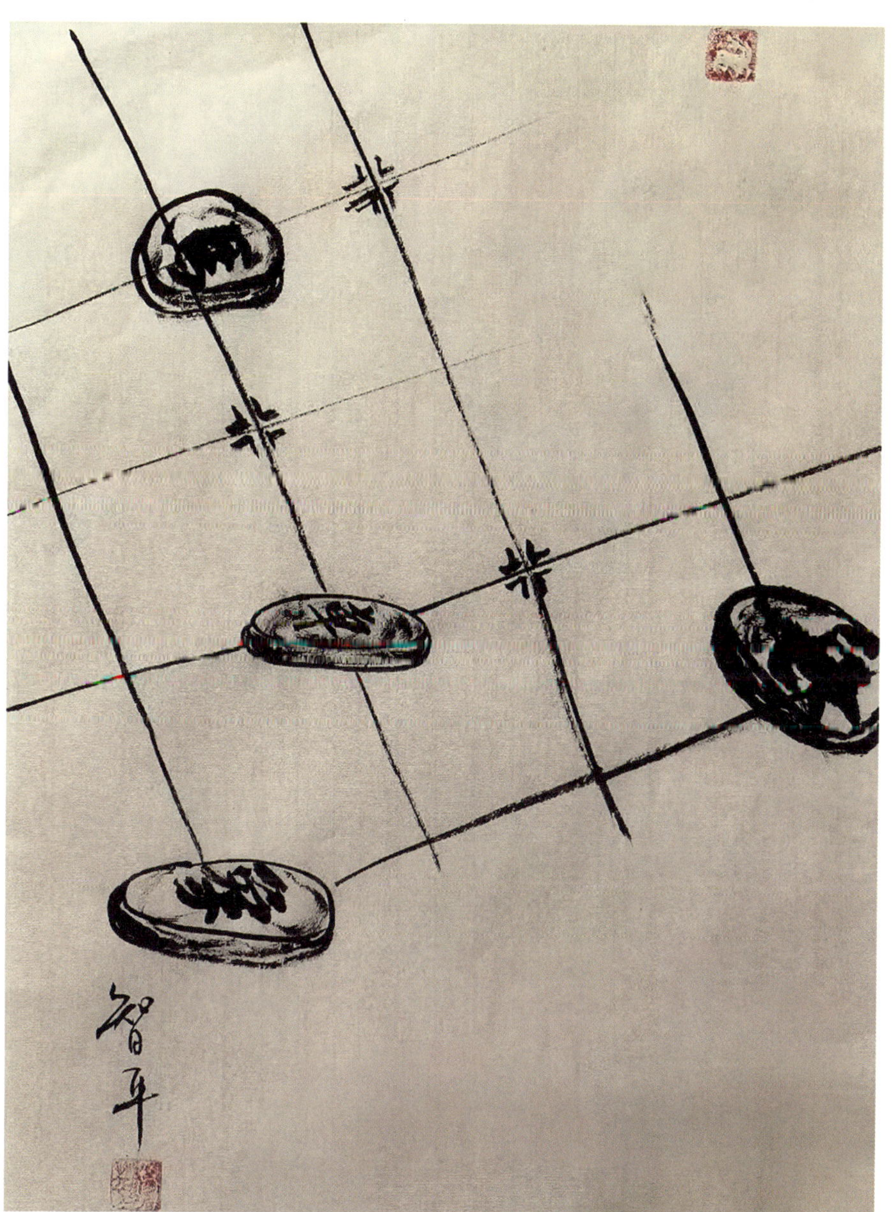

局之中，可以用守换攻，也可以用攻换守。象棋可以用子换子，也可以用子换先。一般来说，车换马为损，马换炮为平，炮换车为赚。但关键时刻，以车弃换得帅安，也是常有之举。

两者也有本质的区别。

围棋是战略布局，象棋是战术运行。围棋在开局前，盘中并无一子，辽阔天地，任其驰骋。无论是天元中域，还是角边之地，都各有布局之法。排兵布阵，互成呼应。星线之间落子，尽显战略考量。无论是重在取地，还是重在取势，都是方向和势力的累进。象棋在开局前，所有“部队”已“集结”，并且“阵地”已“陈列”。在手下各兵种配备无法更改的前提之下，关键在于选择合适战术，根据对手的应对，推进相关的运行。

围棋是从无到有，象棋是从有到无。围棋无中生有，尽显落子智慧。一子定位，数子起势。看似无序，实则互应。先有角守，再有边争。既有稳成，也有挑衅。无中生有，有地、有势、有攻、有守、有策，从而有天下。象棋从有到无，尽得破障妙法。阻马之子，去之，则可匹马踏中原。炮架之子，除之，则可单炮无片威。车行纵横，狂扫一切拦路之军。然而一旦形成双马连环，炮马互防，则除之极难，非丢盔卸甲不可得。

围棋是“众生平等”，象棋是“尊卑有序”。围棋每一个子，都是一模而出，静于盒中之时，并无任何差异。然而，当棋手择之落下时，立即就有轻重之别。不同的不是棋子本身，而是其所处的位置。在棋盘上，各子再怎么位显位微，回到盒中又再是平等之样。象棋天生就有尊卑。每颗棋子各有标识，行法也有本质区别。以帅为首，首失则败。相士拱卫，车马护驾。兵一马日，炮架车直。尊卑有序之下，实则各有得失。帅权再大，也行不过方寸。而最小兵卒，一旦勇行破界，就是三面开刃，其猛如虎。

尺许之地摆战场，攻守之下有人生。

意在天地，落子成势，这是围棋的境界。域中腾挪，各显其能，这是象棋的纵横。无有相似，万法不同，这是围棋的灵动。有无更替，责尽而去，这是象棋的坚守。因位而别，实本相同，这是围棋的哲学。虽尊实弱，但卑可强，这是象棋的平衡。

推演之力，方为行棋根本。哲学之意，实乃棋道乾坤。

弈境空明

围棋与象棋，将万里江山对弈凝于方寸之地，每一步行棋都可以是千年智慧的凝结。两者在风格和特性上，却有着诸多不同之处。

两者空实有别。

围棋以空灵见长。棋盘为空，落子于空，提子即空，以空为气，空多计胜。棋子之间，可以密切相连，也可以隔空相应。腾挪、整形，都是围棋中相当高级的行棋技巧，轻灵而有弹性，简洁不失韵味，落子之间留有足够的空间，能够很好地处理孤子和危子的问题。意取灵动，是因为或然性的提升，可以拓展后棋周转的余地。所以高手对弈，常会出现十分飘逸的战法，应而不黏，厚而不重，让整个棋面倍显赏心悦目。围棋从起子到终盘，是由空入实的过程，无处落子则结束战斗。

象棋以务实见长。出场即井然有序，各路兵马严阵以待。每一步挪子，都是依规而行。既可行于空处，成或攻或防之势；也可行于对方棋子位置，吃子以取而代之。每步行棋，都是斩钉截铁、砸地有坑的决断。每一个棋子，都与其他子有若干关联，都能够牵一发而动全身，都可以是决定胜负的赛点。棋子进退之间，是在短兵相接的近距拼杀中彰显谋略的高低。力战而竭，是每一个棋子的使命和担当。象棋从行子到

智平

终局，是由实入空的转化，无子可移或失帅丢将，则结束战斗。

两者纵横有别。

围棋的容错率较高。在布局初期，基本看不出对方的棋力高低。每一步棋，都可以是俗手，也可以是妙手，关键看其在全局中的位置。局部的失利，往往不影响最终的胜负，易地再以昂扬斗志重燃战火，是所有围棋手天生具有的豁然心性。以地换势和以势换地，均是允许的行棋方式。初对终错，或初错终对，这样的反向转化也时有发生。围棋是全局的较量，而不是一城一地的得失。越是包容，就越能平衡。先手棋，当然有先发优势；后手棋，也自有应对法门。执黑先行，看似有利，实则尚未行棋就已经有贴目之失。

象棋更加注重推演。每一个子的背后，都有无数的逻辑关联。“螳螂捕蝉，黄雀在后。”这样的连环杀，在每一局棋中都会上演。当对方之子落入己方虎口时，是食物还是诱饵，是进攻还是忍让，必须仔细琢磨他子的位置和连带的变化，才能得出最后的结论。否则，即便一通交换下来最终子力占优，如果因此导致防守丢失而让对方构成杀局，反而落入最大的陷阱。因为知道每一个子的行棋规则，所以象棋更加容易进行推演，也更应该进行推演。近战肉搏，见招拆招，以攻代守，象棋完全是依据各子轨迹进行的计算能力比拼。

两者决断有别。

围棋常有试应手。棋盘纵横皆是十九路，构成了落子点位的庞大可能性。棋手在进攻的过程中，有时会有不知路在何方的感觉。因为有太多的可能，所以每一步都会带来无数的不确定风险。丢下一子作试应手，是围棋中常有的下法。既然无法预知未来，那就不妨试探一手以引发一系列的变化，在变化中让未来显现出来。在围棋中，每一步的落子，都意味着可能性的衰减。于不确定中捕捉确定性的战机，是围棋最大的魅力。

象棋常有兑战手。象棋的线路有限，在各子的移动过程中，常会出现无子可下的局面。不仅对方的棋子会变成拦路虎，自己的棋子也会成为绊脚索，谁说只有对手的势力才会是行动的障碍？在这样的胶着状态下，双方的每一个棋子，背后都是无数的连环考量。与围棋的以“有”来试应不同，象棋是以“无”来决断。拚掉数颗子，局面会一下子变得明朗。以失换得而成就未来，是象棋最狠的战法。

围棋以空见长，象棋以实笃行；围棋难易其志，象棋步步惊心；围棋落子试对，象棋去子决绝。道一法万，两棋无论行走方式存在多大差异，皆可归于有无而道同。

方寸山河

在中国的传统艺术里，有一个重要的存在，就是印章。在一幅书画作品的最后，加盖作者独一无二的印章，是完结的标志。

古时的绘画和书法，一般是以着墨的位置和深浅作为主要表达方式，知白守黑，将对艺术的理解呈现在素色纸上。收笔后红泥作印，落于首尾，无论是庄严还是灵动，均能起到点睛之效。没有片章印迹的传统书画，可以说是不完整的。

一枚上乘的印章，往往是可遇而不可求。文人之间，常用作品交换的方式来获得佳印相予。这当然是一笔极其划算的买卖，以一幅精品求得一印，之后所有作品皆会增色不少。而且，精雕细刻的印章，还兼有防伪辨识功能。随着艺术家的创作进阶，其画作书法可有若干，但此印只有一个。以印鉴画，已成为古往今来书画交流中公认的有效方法。

印章为何如此重要？因为一枚印章，本身就是一个极为精致的艺术品。个体虽小，也自成一界。瑞兽伏卧，方圆有致，金玉玲珑。印文、印款、印钮，无不彰显印艺之美。

什么是艺术？

方寸山河
智平

艺术，就是对虚实的理解、对取舍的权衡、对有无的领悟。凡此三者，皆不在物中。唐代刘禹锡，在《董氏武陵集纪》中提出了“境生于象外”一说。意境，是中国传统美学和艺术创作的核心问题，它是诗画艺术的灵魂，历来被视为最高的美学追求。

在艺术领域，一切落笔皆是具象，皆是入境的导引，从而充分调动观者的想象力，由实入虚、由虚悟实，形成一个意中之境。高明的作者，真正想表达的一定是超越于物象之外的深层意蕴。砂陶也是，布织也是，书画也是，印章也是。无论毛笔还是刻刀，每一次游走，都是作者当时的感悟。而一件传世之作，无疑是灵感的闪耀，只有在独特的状态下才能生成。这样的空灵无我状态，即便作者本人也只能是偶有触及。成于斯人，而高于斯人，在创作中是一种无比玄妙的体验。

凿石刻玉，力艰功深。好的印章，构图、走刀、空实、线型，都十分讲究。有策应，有比对，有刚柔，有动静，全部融成一境，意蕴悠远。一些集雕刻技艺之大成者，在虚实之外，甚至会用逆刀法，让古朴的字更显岁月的沧桑，浩然遒劲的金石气息扑面而来。

印章与书画的最大不同，是其成于破立之间。原料浑然一体，本无痕迹。刻刀折转，在去屑纷披间，字形轮廓才得以渐显。很难分得清楚，一刀下去，到底是破还是立？其实，破立只是不同结构的观感，域不同则见相异。破石也即立印，若难舍石之完整，则断无印之可能。当去则去，当留则留，亦破亦立，印遂得成。破中见立，自古皆不是易事。圣本为凡，何以终得建树？当缘其信之笃、破之勇。谁曾想，破立之道，居然也隐藏在印章刻制的过程中。

一印落，乾坤定。印章方寸，内有山河。錾止意动，气象万千！

斗兽风云

在儿时的欢乐中，有一款棋类游戏，叫斗兽棋。游戏分为两块区域，中间有河流分割，有桥梁可以让动物过河。要取得胜利，必须占领对方的巢穴，或让对方无子可走。

斗兽棋好玩，好玩在其规则的设计。

棋盘上设有陷阱，专为限制敌兽。敌兽落入其中，即会失去战斗力，本方的任意兽类都可以吃掉陷阱里的猎物。在斗兽棋中，“虎落平阳被犬欺”是一种常态。陷阱无处不在，然而当势在时常常无知无觉。一旦大意失荆州，那就只能被迫“走麦城”了。

狮子和老虎可以跳跃过河流，老鼠则可以游过河流，此三类动物不一定非要从桥梁上过河。而且当老鼠在河中的时候，可以阻挡狮子和老虎跳过，也不会被其他动物捕食。在斗兽棋中，最弱小的动物，也有自己的主场，再强大的敌人也无可奈何。人生中也是一样，只有找对位置，你才能成为你。

斗兽棋中设计了死穴，一失皆输。一方的任何一兽走入敌方的兽穴就算胜利，哪怕敌方的兽剩余再多也没用。所有的棋子运转都有一条主线，就是守住自己的同时攻克对方。因此，死穴也是生穴，守之则生。

斗兽棋最高明的地方，并非行棋方式，而在于它的棋子本身。

双方各有八枚棋子，依大小顺序为象、狮、虎、豹、狼、犬、猫、鼠。较大的可吃较小的，同类可以互吃，而鼠可吃象，象不能吃鼠。这是巧妙的循环式平衡。

常见的平衡有两种：一是对称式；二是循环式。

对称式平衡，是一维平衡，正反方向的两个点构成一条线。阴阳对称、正反对称、得失对称、悲欢对称、高低对称，都是对称式平衡。正反相对，互为转化，是一维平衡的特点。一维平衡还可以正反并列，相反相成。

循环式平衡，是二维平衡，前后若干点位，组成一个相克之环。金、木、水、火、土五行相克，斗兽棋的子力大小排布，虫棒虎鸡的酒令游戏，都是循环式平衡。在循环式平衡的相克之环中，没有谁是最大，也没有谁是最小。大小的比较，由事物的次序来决定，而不是事物的性质。在循环平衡下，对于一个庞然大物的克制之道，也许在一个最不起眼的事物之中。

有三维平衡吗？球体、正方体、长方体，这些物体上的任意一个点，都能通过中心点找到对称部分，这是几何平衡。有的建筑物和艺术品会根据重心考虑布局平衡，虽然没有几何对称，但整体并无违和，这是物理平衡。打仗时科学排兵布阵，各据要位拱卫都城，这是力量平衡。企业通过各部门的结构设置和人员匹配，来保证运转流畅，这是管理平衡。在一个综合体里，各商家的业态分布合理有序，优势互补，这是营销平衡。一个城市的产业布局，与城市底蕴、自然环境、人才特点相吻合，这是发展平衡。几何平衡是无数个一维平衡的简单组合，其他平衡要复杂很多，但都属于空间平衡。

那四维平衡呢？“黑发不知勤学早，白首方悔读书迟”“莫等闲，白了少年头，空悲切”“磨刀不误砍柴工”，这些都属于时空平衡。有的城市，会先期大量投入资金和时间，依湖沿山打造优美的环境。待改造完毕后，再卖地售房。环境的改善可以得到民众认可，而且前期环境改善中投入的费用，可以在后期房地产售卖中收回。这种高明的决策，正是时空平衡的典范。当下的各种“亏本”投入，可以在将来获得超额回报，四维平衡的魅力就在这里。

平衡法则，在任何一个维度都适用。在平衡中，既有布阵之术，也有相成之道，更有克制之法。

斗兽一棋，可见百态，可见章法，可见规律。若能皆悉，或可成风起云涌之势。

飞镖回旋

回旋镖，是集趣味性和竞技性于一身的运动形式。

澳大利亚先民较早使用硬木制造回旋镖，他们用这种曲形飞镖来捕捉小动物。回旋镖在掷出后，如果没有击中目标物，就会改变方向，再次回到原持有者的手中。整个过程非常奇特，令人觉得不可思议。

回旋镖的魅力，在于仅凭初始之力，一段时间之后，就能实现看似不可能的闭环。

施报相应，假以时日。这不正是道之所在吗？

正是因为扔出去，所以才会飞回来。但最终能否飞回，与飞镖的构造、质地，出手的方向、气力，场地的选择、风向等，密切相关。这些元素，都属于起点判断的组成部分。万事都有自己的轨道，那是它们运行的规律，无论这规律是否可以被外界所感知。一旦完成初期的设定，剩下的部分会自动运行。能否达成目标，取决于对规律的把握和初设的技巧。保龄球、桌球等与回旋镖一样，皆是成败全在起点的那一瞬。过程交给时间，途中无法干预。这也就是“成功者先计于始”。但凡能成就一番功业的，总是在开始的时候就精心设计。

扔出去，并不会立即飞回来，而是需要一定的时间来完成这个闭环。正所谓花开有时，时间也是事件的重要组成部分。这个世上有两大法则：一个是阴阳，另一个是因果。阴阳是平衡，既对立，也统一。如缺点可能也是优点，问题本身也可能就是答案。因果是承转，既相继，也更替。如种瓜之后才能得瓜，但此瓜已非彼瓜。时间加成，是对耐性的考验。如果扔出之后扭头就走，那肯定是等不到镖回之时的。而耐心的背后，是信念的支撑。只有对自己的回旋镖有充分的期待，才能见证奇迹的完成。

时间，考验的何止是耐性和信念？还有思维的层级和对事物的理解。

很多事情，在同维度里是无解的，比如善行的馈赠。善有善报，是千百年来民众最为朴素的信仰。现在也有越来越多的人在做公益，在竭尽所能帮助其他人。然而，一个人付出善行而得不到善报时，就会困惑，甚至会动摇善良的根基。之所以会有善报不常的感觉，是因为时间和维度的关系。

世人对善报的理解，是在预期时间内能够看到与之相关联的好结果。如果一旦时间过长，而善报未至，就会觉得善报不常。如果回馈是以一种特殊的方式，与常识中的善报形态有差距，无法让人一眼就“看见”，也会觉得是未曾获得。或者虽有善行，也有善报，但觉察不出关联性，也是会生出无常之感。

为什么善行本身，就不能是一种对以往的回馈呢？

中华数千年文明传承，以善为主流。其他的一切，都是在善之基础上的构建。无论是老子的“上善若水”，还是孔子的“水有九德”，翻开经史子集即可看见，善几乎是文脉的本源。所有人从出生的那一刻起，就处于众善之境中。父母的慈爱，他人的关怀，社会的友好，文明的成果，无不是善。甚至可以说，无善则无生。善良是天底下最大的一个能量回环。起点不察，终点未知。因此，从更大的结构来看，行善并不是单方面的施予，而是一种回报。以义举，馈过往。善行即善报！本就是以善报恩，何必另期善果？

果，当然也是因。这就是因果的轮回。只是此善行再生出的另外的果，其时间和形式，不一定能被认知。你眼中的善有善报，存在着时间和形式的有限性。在这样的维度限制下，能被认知的充其量只是一个微不足道的小回环，很容易一叶障目，不见泰山。

前人栽树，后人乘凉。烈士义举，家人受荫。善行反馈的时间跨度，可能在施予者的生命周期之外。窦燕山，有义行遂有后代，教五子，名俱扬。袁了凡，记“功过格”来隐恶扬善、迁善改过，以期道德自律，完善人生。善行反馈的方式，可以完全出乎意料。而且，施善时获得的精神愉悦和心灵滋养，难道就不是善报的一种吗？

施善的过程，就是对生命理解的过程。生命短暂，价值和意义到底在哪里？如何在更大的时空结构中，反观自己？如何让自我向善？如何通过行善乐施，触摸到崇善文化的数千年流动？若能从善举之中获得感悟，则是慧心闻道了。闻道之喜，才是最大的善报！

善有善报，还是善报不常，问题不在于是否有反馈，而在于你看到了哪一个维度。“天道无亲，常与善人。”只要你做的事情是对的，那你扔出去的这枚回旋镖，就一定能再飞回来。

积木世界

积木是无数人的最爱，无关年龄，无关性别。积木的乐趣，就在于它是思想的实现路径。想到一座城堡，就搭一座城堡；想到一座桥梁，就搭一座桥梁。现在的积木更是丰富，有的甚至能够将你脑中多数的构建想法，大差不离地呈现在眼前。

积木的好玩，并不在于搭好一样东西后，一直摆放在那里。陈列从来不是积木的意义。积木的真正价值所在，就是重新构建。搭了拆，拆了搭。一会儿搭一所房子，完成后又将之推倒，用原先的材料重新组成灯塔。为什么要推倒原先的作品？因为作品是之前某项任务的完成标志，作品出现则表示原任务已经结束。当下一个任务开启时，由于资源限制，只能推倒原作再重组。或者，当原作有缺陷，不能承载任务继续前行时，与其东拆西补，不如从头再建。或者，当原作已经形成审美疲劳而没有吸引力时，不妨推倒重来，哪怕再搭建一模一样的，其过程也是一种体验。又或者，原先的构件已经积尘太多，无法彻底清洁，拆下来洗洗，再装回去，又是一件新的作品。重新构建，是为了开启新的征程，是为了实现更高的目标，是为了完成自我的超越。

很多企业发展到一定程度，问题大到无法通过修修补补来解决时，会选择拆散重组，这样才可找到生机。机构已经足够臃肿，流转不畅时，会进行改革重组。组织的合并，小区的改建，都是重组，以便焕新。

重组，是目标的重建。从城堡到桥梁，是目标的转换。目标是努力的起点，也是方向的终点。很多组织为了达成某项新的任务，常常先将人员重新调配，成立新的工作小组，组建新的任务专班，设立新的协调机制。人重组了，资源的流动、资金的匹配会随之而来。目标重建，会让技术的攻坚、社会的动员、关系的疏通，逐一提上日程。围绕新目标的完成，一切需要重新定向、重新调整。

重组，是结构的重建。合理的结构设计，是积木能够完成构想的保障，是化解不断上垒而增加的风险的前提。在任何一个组织里，科学的结构都是发展的支撑，是实现信息交换、要素流转、友军策应的重要基础。结构是否合理，是否有利于发展，经验会给出预判，实践会给出答案。部门运转不灵、人员调动不力、组织沟通不畅，这一切均可以先从结构上找问题。层级是否设置合理，资源是否分布均匀，人员是否安排到位，这些都是结构的范畴。

重组，是次序的重建。积木是次序的科学，先搭哪个再搭哪个，结果会不同。次序解决的是介入时机。不同的切入点，与之对应的基础并不一样。这在化学中最为明显：先放什么和后放什么，所得物有本质不同。次序是事物运行的主轴，在管理中是流程，在操作中是规范，在学习中是课表，在烹饪中是菜谱。程序是否合法，是律师案件辩护中的重要课题，是选举有效成立的判断标准。很多时候，只需要将次序调整一下，效能就可以得到大幅提升。

重组，是状态的重建。尘埃是时间的印迹，起初总是让人难以察觉，但又无处不在。积木如果久置，则会积满灰尘，使得其态不显。最好的办法就是拆开清洁，再组装回去。以时间的耗费，换空间的整洁。

组织也一样。组织运行时间长了之后，也会有各种各样的“尘埃”，直接影响状态，即便“时时勤拂拭”，也无法做到“勿使惹尘埃”。此时，组织可以分片清洁。通过学习培训、参观感悟、剖析交流等方式，清除隐藏在深处的不利因素。通过重组，重新上阵。

人的重组，主要是目标和状态的重组。杰出人物能在任务中看到目标。明确自己当下所做事项在更大结构中的位置，是状态改变的前提。不能只顾埋头拉车，还要学会抬头看路，看看从何处来，当下在哪里，要往何处去。人在红尘里，无法不染尘。怎么办？停下来拍一拍就是。既然是过往的“尘埃”，那就统统丢到过往里。不能让“过去”一直“过不去”。只有完成劣项剥离，让自己的优质资产形成最具竞争力的态势，才能在未来的发展中赢得一席之地。

无论是组织还是个人，重组都是自我更新的途径。由于历史的强大惯性，将原作品拆散，当然是难舍且难熬的。然而成长正是在破立之间。一旦挺过重组的痛苦，你就会发现，原来世界真的可以每天都是新的！

余音绕梁

世上有两种通用的“语言”：一个是微笑，另一个是音乐。

一段旋律，一首歌曲，一场演出，如能走进内心，则必然是“余音袅袅，不绝于耳”。旋律是音乐的首要元素，其主轴是节奏。不同的节奏，构成了不同的曲风。

什么是节奏？

节奏是循环。节奏是同一时间区段内事件的当量。如鼓点的密集程度，吉他的扫弦间隔，钢琴的音键重复。音乐本质上是一种循环呈现。而循环，就是周而复始，就是起点和终点的重叠。音乐，常在下一个循环里，增减一些乐器，或是小号，或是吉他，或是提琴，使得这样的循环，在旧式中总能找到新意，在新意里也总能看到故形，于不断往复中实现了发展。万物都有自己的节奏，那是大自然的伟大音符。桃花年年开了又谢，谢了又开，在循环中实现成长。潮水每月涨了又退，退了又涨，在循环中带来生机。日出又日落，日落再日出，在循环中不断更新。这样的循环，符合唯物辩证法“肯定—否定—否定之否定”的事物发展规律。是相同，也是不同。正如李清照《如梦令》中所言：“试问卷帘人，却道海棠依旧。知否，知否？应是绿肥红瘦。”

智
军

节奏是结构。区间的划分，是节奏强弱的前提。若干鼓点，构成一段旋律。若干旋律，组成一首歌曲。若干歌曲，形成一场演出。而每年演出的场次，就是主办方组织活动的节奏。结构，具有空间和时间双重属性。每一种事物，都包含若干结构；每一种事物，也都在某个结构之中。工人在班组中，班组在公司里，公司在集团内，而集团又属于行业序列的某个节点。行业产能升级，工人或将失业。这是组织结构。冲锋是进攻的开始，进攻是战斗的组成，战斗是战役的安排，战役服从战略，胜利就是这些事件的层层累加。战略若有调整，可能易地阻击。这是事件结构。桌子放在房间，房间属于居室，居室在某个楼栋，而若干楼栋就组成了小区。小区如果拆迁，桌子也得搬走。这是空间结构。学习终要毕业，毕业后开始工作，工作是社会历练的起点，在服务社会中可以实现人生价值。若想未来可期，当下就要用功。这是时间结构。用结构思维观事，放大可见方向，缩小可见执行，统观可立信心。只有与更大结构的运行相一致，才能做出未来发展预判，才能开启当下定向积累。如果方向错了，越是努力反而损失越大。方向纠错，是止损的首要一环。当南辕北辙时，止步不前即成功的起点。

节奏是源流。在一段旋律里，鼓点往往是节拍的主要构成。其他所有乐器，在鼓点的基础上展现，在鼓点的节奏中流动。在乐队的演出中，鼓手位居压阵的位置，并且其节奏输出最能将现场点燃。技术高超的鼓手，甚至能让整个现场听众都在鼓点的韵律中跳动。任何一个时代都会弘扬主旋律，其节奏就在时代精神。它主导一切资源分配和社会行为，并以此来谱写华丽乐章。每一个企业也有其旋律，其节奏就在文化底层。它是要素运行的逻辑，生产、销售、管理、培训、规划等都离不开它。所有的人也都有其旋律，其节奏就在思维架构。它是人与人的核心区别，行为举止、得舍选择、待人接物、精神状态都与之相契不悖。

过去、当下、未来，是发展的节奏，终点也是起点。个人、集体、社会，是成长的节奏，付出也是收获。决策、执行、反馈，是处事的节奏，权变也是判断。节奏，是运行的波段，是时空的组合，是主体的律动。节奏若明，则一曲既出，当余音绕梁，三日不绝于耳。

云霄飞车

过山车，是一项极富刺激性的娱乐活动。那种风驰电掣、有惊无险的快感令无数人着迷。它有非凡的设计，以环状轨道、巨大落差和突然转向而著称，甚至会用夸张的筋斗圆环和螺旋翻转。当它以每小时一百多公里的速度到达“疯狂之圈”时，速度、加速度、重力交织在一起，产生的诸多效果简直妙不可言。

很多游乐设施，正是通过不同的速度变化，让人体验前所未有的经历，从而进入不一样的世界。可以说娱乐就是维度的切换，让你从原来的世界中分离。

不同的速度，不同的世界。

爱因斯坦的狭义相对论揭示，时间、长度、能量等，并非恒定不变，而是跟速度密切相关。在接近光速的超高速运动情况下，时间会减慢。这个现象被称为“时间膨胀”。当速度足够快的时候，几乎一切都将改变，颠覆你对这个世界的认知。

即使到不了光速，速度的变化也能让我们感觉到世界有些不同。

比如下雨的时候，站在原地不动的人感觉到雨滴是从正上方落下，而向前走的人感觉雨滴是从前方斜落而下，因此需要把伞微微向前倾斜。

走得越快，倾斜越厉害。在暴风雪中驾车行驶，雪片给人的感觉好像是从正前方直接打过来，后车窗却似乎接触不到雪。这些都是因为速度的加成导致物体的位置出现偏差，而带来了不一样的观感。

什么是速度？速度就是物体在单位时间内的位置变化。在物理世界里，就是某个时间段的空间变化。那在思维世界里呢？

思维对速度具有适应性。飞机保持每小时一千多公里的速度，人却没感觉有什么特别，该看书看书，该学习学习，并不会太受影响。但当飞机遭遇气流而急剧颠簸时，就好像啥事也干不了。因为此时思维在忙于适应，无暇他顾。飞机的颠簸，就是速度发生了变化。加速度不稳定时，思维也无法稳定下来。

在坐过山车时，思维会被加速度同步，此时很少有人会去想别的，而是完全沉浸其中。速度的变化越快，对思维的介入性越大。所以在体验一些娱乐项目时，往往是脑子一片空白。所有的思绪，都被融在当下的体验里。速度太快了，变化太快了，快到万事都来不及去想。所有的烦恼，都会消失在速度变化里，一切等停下来再说。

速度为什么会影响情绪呢？因为情绪也是有速度区间的。开心、乐观、欣赏、希望、自信、感恩等正面情绪，位于速度的快区间。焦虑、紧张、沮丧、悲伤、痛苦等负面情绪，位于速度的慢区间。积极和消极，既是一种情绪状态，又是一种速度表述。为什么运动对消极情绪有治愈功能？因为机体的运动，会带动情绪走出慢区间的边界禁锢，脱离原来的区间内循环。生理的急速，可以产生心理的激情，就是这个道理。

光速，是目前我们所能认知的物理世界的速度极限。至于空间跳跃和虫洞，科学家们还在研究。在物理世界空间跳跃目前还没法实现，但是，思维跳跃是人人都具备的“超能力”。时间和空间，思维可以任意穿越。在思维世界里，一切皆有可能。灵感，就是思维跳跃的产物。从一件事联想到另一件事，在速度的极限超越中，迸发出思维火花。灵感是速度的馈赠，也是思维的精华。所有的创新，都是灵感的实践。个人在灵感中成长，社会在灵感中发展。

速度的变化，也是维度的切换。它能带来不一样的世界，能让生命更加丰富多彩。

皮球二七

“小皮球”是受孩子欢迎的游戏之一。两个小朋友撑起长长的橡皮筋，一群小朋友排着队，依次按照规定动作在皮筋上来回跳，一边跳一边唱。出错的小朋友，轮换去当撑皮筋的“柱子”。这游戏的参与性和趣味性极强，能让一群人一玩就大半天。

游戏难道只是好玩吗？

所有的猛兽，都是在游戏中训练小兽的捕食技巧。游戏不仅是娱乐手段，还是成长的途径。潜伏、迂回、出击、合作、分享等，所有今后生存必需的技能，都是在幼兽阶段习得。

“小皮球”游戏，能让小朋友学到哪些东西呢？

秩序：要玩游戏，就得排队。如果大家一窝蜂地涌上去，那谁也没得玩。良好的秩序，是个人权益的保障。等待，确实会花费一些时间，但这是用时间来换取机会。机会的平等，才是平等的要义。秩序是平等的前提，需要集体中的每一个成员来维护。为了守卫秩序，会产生一系列规则，甚至有申诉者、监督者、审判者、执行者等。秩序，是社会运行的轨道。只有真正地融入秩序，才能从心所欲而不逾矩。

惩罚：出错的小朋友，从场地中央退出，成为配角。从自己玩，到看着其他小朋友玩，这样的角色转换无疑是痛苦的。世上最痛苦的不是没有，而是拥有后再失去。但犯错后就要接受惩罚，这是必须付出的代价。人非圣贤，孰能无过？惩罚，既是对过去的了结，又是对未来的准备。惩罚并不是为了剥夺希望，而是为了让希望重新开始。

配合：游戏能够一直持续下去，靠的全是场上跳的人吗？跳的人技术再好，如果没有撑皮筋的人配合，那也是白忙。团队是整体输出，需要所有人的共同努力。跳的人要似蝶飞舞，接的人要适时切入，撑的人要不动如山，如此才可以。社会，就是组织结构的种种叠加。每一个人都是某个结构中的主角，也是另一个结构中的配角。没有小角色，只有小演员。无论何种分工，倾力付出即可。

坚守：如果场上的所有小朋友都跳得很好，那皮筋就得一直撑下去。机会的决定权，往往不在自己的手里。虽然撑皮筋的人可以通过不停异动来创造机会，但那会被大家鄙视。即使获得了此次上场的机会，也会丢失今后若干参与机会。这种明显亏本的“买卖”，没有小朋友会干。当然，如果坚持正道，机会也可能一直不出现。那又有什么关系呢？纵然孤独，也要走对的路！在现实的“小皮球”游戏中，小朋友们很少让这种事情发生，总会有人主动前来交换，甘当幕后者。天道为公，自小知之。

取中：皮筋撑得太紧，不好跳；撑得太松，也不好跳。只有在恰当的距离中，才能最好地发挥。游戏时间玩少了，不尽兴；玩多了，也没劲。只有在恰当的时间结束，才能在心情愉悦中继续期盼。参与的人多了，很久轮不上；参与的人少了，跑来跑去累得慌。只有人数恰当，才能出现完美的节奏。弃之两极，取乎其中，此法与道合。

耗损：新的皮筋，外表光滑，色泽亮洁，整理有序。只要跳一次，就会平添诸多泥土、伤口、折痕，再没有办法复原。些许的耗损，并不会降低皮筋的功能，反而会增强游戏的舒适度。这样的前期耗损，就是磨合。新的不一定是最好的，最契合的才是。当耗损加剧后，皮筋会逐渐失去弹性甚至断裂，于是一段使命终结。小朋友会让它撤离主场，然后作其他用途。使命完成，来去自若，这是何其坦然。

小皮球，香蕉梨，马兰开花二十一。
二五六，二五七，二八二九三十一。
三五六，三五七，三八三九四十一。
四五六，四五七，四八四九五十一。
五五六，五五七，五八五九六十一。
六五六，六五七，六八六九七十一。
七五六，七五七，七八七九八十一。
八五六，八五七，八八八九九十一。
九五六，九五七，九八九九一百一。

这是活泼的儿歌，也是成长的密码。小朋友们终有一天会明白，游戏中吟唱的，正是未来人生的序曲。